LA SAVOIE
LE MONT CENIS

ET

L'ITALIE SEPTENTRIONALE

VOYAGE ANECDOTIQUE, HISTORIQUE ET SCIENTIFIQUE

PAR

GOUMAIN-CORNILLE

MEMBRE DE PLUSIEURS SOCIÉTÉS SAVANTES

AVEC UNE NOTE

SUR L'HISTOIRE NATURELLE DE CES CONTRÉES

PAR

LE Dr BOISDUVAL

DEUXIÈME ÉDITION, REVUE ET CORRIGÉE

PARIS
A. DURAND, LIBRAIRE-ÉDITEUR
RUE CUJAS, 7 (ANCIENNE RUE DES GRÈS)

LA SAVOIE

LE MONT CENIS

ET

L'ITALIE SEPTENTRIONALE

PARIS. — IMPRIMERIE DE E. DONNAUD,
RUE CASSETTE, 9.

LA SAVOIE
LE MONT CENIS

ET

L'ITALIE SEPTENTRIONALE

VOYAGE ANECDOTIQUE, HISTORIQUE ET SCIENTIFIQUE

PAR

GOUMAIN-CORNILLE

MEMBRE DE PLUSIEURS SOCIÉTÉS SAVANTES

AVEC UNE NOTE

SUR L'HISTOIRE NATURELLE DE CES CONTRÉES

PAR

LE Dr BOISDUVAL

DEUXIÈME ÉDITION, REVUE ET CORRIGÉE

PARIS

A. DURAND, LIBRAIRE-ÉDITEUR

RUE CUJAS, 7 (ANCIENNE RUE DES GRÈS)

1865

Les récits qu'on va lire n'étaient pas destinés à la publicité. Écrits, en très grande partie, au jour le jour, sous forme de lettres, sur les lieux mêmes qu'ils ont la prétention de décrire, ils étaient lus et contrôlés, avant d'être mis à la poste, par mes compagnons de voyage les plus intimes; leur unique objet était de servir à l'instruction ou à la curiosité de quelques amis.

Des personnes de savoir et de goût, appelées à prendre connaissance de ces récits, ont pensé que la publication en pouvait être utile. Ce motif, seul, me détermine à les livrer à l'impression.

D'ailleurs, je ne suis point un écrivain de profession; je suis encore moins un savant. Ai-je besoin de faire cette déclaration? le lecteur s'en apercevra trop vite.

Si cet opuscule, à la fois descriptif, historique et anecdotique, peut contribuer à faire aimer la belle nature, à détacher quelques esprits des séductions du monde, en leur donnant le goût des voyages instructifs, je me tiendrai pour satisfait. Je n'ambitionne pas d'autre succès.

Mon ami, M. le docteur Boisduval, dont les connaissances en botanique et en entomologie sont justement appréciées, a bien voulu, sous forme d'appendice, enrichir mon travail d'un aperçu sur l'histoire naturelle de la Savoie et du mont Cenis. Le public, j'en suis convaincu, me saura gré d'avoir déterminé le savant docteur à rédiger ces précieuses observations.

Paris, le 15 juin 1864.

GOUMAIN-CORNILLE.

CHAPITRE PREMIER

La Société botanique de France. — Ses excursions annuelles. — La Bresse. — Le Bugey. — Paysage. — Les premiers contreforts du Jura. — Culoz. — Aix-les-Bains. — Le lac du Bourget. — L'abbaye de Haute-Combe.

La Société botanique de France est dans l'usage de tenir, chaque année, une session extraordinaire et d'accomplir une grande herborisation, soit dans les Alpes, les Pyrénées, les Vosges, le Jura, soit dans l'Auvergne, la Bretagne ou l'Alsace. C'est un puissant moyen d'instruction pour ses membres dispersés sur toute la surface de la France; c'est une occasion aussi de les rassembler et d'établir entre eux des relations plus intimes d'amitié et de savoir.

Longtemps à l'avance, ses membres sont consultés sur le choix de la localité où doit se tenir cette session. Chacun fait parvenir son vote, le jour fixé, au siége de la Société; la pluralité des voix décide. L'époque venue, déterminée par la flore particulière à la contrée où l'herborisation doit avoir lieu, les botanistes de France convergent de tous les points du pays vers la ville qui sert de rendez-vous.

Des botanistes étrangers se joignent, en nombre plus ou moins grand, à leurs collègues de France. La Société admet aussi dans ses rangs, pour ces occasions, des entomologistes et quelques touristes.

J'ai eu l'honneur enviable d'accompagner, à titre de touriste, la Société botanique de France dans deux de ces beaux voyages. J'essaie, aujourd'hui, de rendre compte des impressions que j'ai ressenties dans le dernier.

Partis le 25 juillet 1863, par le chemin de fer de Lyon, pour le rendez-vous de Chambéry, M. le docteur Boisduval, mon ami depuis seize ans, dont la science et la vaste érudition sont connues; M. Henry Gaildraud, mon cousin, négociant à Paris; M. Jamin, du Bourg-la-Reine, pépiniériste instruit, passionné pour la botanique, et moi, formions une petite société dans la grande. Nous pûmes nous réunir dans le même compartiment de wagon.

Le jour nous prit à Mâcon; dès ce moment, nous étions en pays nouveau. Nous franchissons le département de Saône-et-Loire. Mon récit commence ici.

Le département de l'Ain est le premier de France par ordre alphabétique. Il est formé de l'ancienne Bresse et de l'ancien Bugey, qu'Henri IV a conquis sur la Savoie et qu'il a gardés au grand ennui des ducs de Savoie, qui avaient eu l'outrecuidante prétention de se tailler un royaume dans le sud-est de la France, avec Lyon pour capitale.

La Bresse est une contrée remarquable; elle ne ressemble en rien à ce que l'on voit sur la ligne de Lyon. Le paysage est frais, la terre est plus froide, les productions sont différentes. La vigne est moins cultivée. On trouve encore le maïs; il est en fleurs en ce moment. Cette belle plante ne réussit pas dans les environs de Paris.

La campagne est coupée de petites vallées arrosées par de jolis ruisseaux; dans les prairies, on aperçoit de nombreux troupeaux de vaches, des chevaux bien nourris et des porcs de moyenne taille, rayés de noir, qui se vautrent avec délices dans des terrains vaseux.

Comme c'était un dimanche matin, nous avons vu des demoiselles de campagne en toilette, fort agréablement vêtues. On connaît la soie dans ce pays-là, et on en use. La coiffure des femmes est originale ; elle ressemble, dit-on, à celle des Bourbonnaises. C'est un chapeau noir, coquet, assez court de bords, avec une espèce de support surmonté d'une rondelle noire de laquelle pendent des dentelles noires. Il ne se porte pas de côté. Cela nous a paru joli.

On distingue les premiers contreforts du Jura, à gauche; à droite, dans le lointain, les montagnes du Forez se détachent sur l'horizon avec leurs forêts et leurs vallées immenses. D'Urfé, dans son roman de l'*Astrée*, publié sous Henri IV, a fait une admirable description du Forez.

Nous voici dans le Bugey. C'est une autre nature. On voit encore des terres froides coupées de ruisseaux et de beaux vallons, encore du maïs; les vignobles sont peu communs ; les troupeaux de vaches et de chevaux deviennent un peu plus rares. Les villages sont moins rapprochés.

Le chemin de fer s'engage au milieu des contreforts des premières montagnes jurassiques. Cela ne ressemble point du tout aux Alpes. Les roches sont de calcaire et de schiste. Le buis croît spontanément sur les pentes. L'homme industrieux cultive tout ce qui est cultivable jusqu'au pied des roches : blé, maïs, un peu de vigne. Les noyers sont nombreux et de haute taille, chargés de noix. Les peupliers d'Italie se dressent sur le bord des ruisseaux qui serpentent dans chaque vallon.

Comme on trouve pauvres, malgré leur magnifique ordonnance, le bois de Boulogne, celui de Vincennes, avec leurs vallonnements artificiels, en présence de cette nature vraie, légèrement modifiée par la culture, mais qui conserve ses formes générales point accentuées, se modifiant par dégradations insensibles avec des mouvements de terrain dont l'éloignement, sans doute, fait paraître les contours plus gracieux qu'ils ne le sont encore !

On voit d'énormes quartiers de roches, détachés, depuis des siècles peut-être, par on ne sait quelle cause. Ils ont roulé dans les vallées, s'arrêtant quand un obstacle s'est rencontré. La végétation s'est produite où elle l'a pu entre leurs fissures ; des arbustes, des plantes, quelquefois des arbres assez forts ont crû dans leurs anfractuosités. Tel de ces rochers ferait un effet bien pittoresque dans les jardins publics de Paris. L'art est toujours vaincu par la nature. Nous avons remarqué un énorme rocher, en partie couvert par la végétation, dans les dépressions duquel des stalagmites et des stalactites feraient pâlir celles du jardin de Monceaux.

Nous sommes à Culoz qui, avant l'annexion de la Savoie, était le dernier village français. Culoz a laissé une mauvaise réputation parmi nos soldats. Dans la dernière guerre d'Italie, le chemin de fer Victor-Emmanuel n'était pas achevé. Il fallait donc marcher par étapes, et l'administration militaire avait, dit-on, un peu manqué de prévoyance; on avait maigre pitance. Enfin les troupes entraient en Savoie et trouvaient du repos à Chambéry, où elles se refaisaient un peu avant de s'enfoncer dans les Alpes pour les franchir avec de faibles rations, pénétrer en Piémont et, de là, dans les belles plaines de la Lombardie où l'abondance a toujours régné.

Le train part de Culoz et, dans moins de deux heures, on est à Aix-les-Bains. Ces deux heures sont très-bien remplies par le plaisir de contempler cette belle nature. On traverse le Rhône, fort large, aux eaux bleues, puis on côtoie le lac du Bourget, magnifique nappe d'eau de 56 à 60 kilomètres de circonférence, encadrée par des montagnes d'une élévation moyenne de 1,000 à 1,200 mètres, très-verdoyantes sur certains points, absolument nues sur d'autres, aux flancs desquelles se balancent des nuages légers et floconneux, argentés par les rayons du soleil.

Nous n'avons pas voulu aller descendre à Chambéry, préférant passer la journée du dimanche à Aix-les-Bains, petite ville animée par d'assez nombreux baigneurs. Aix n'est pas une ville de plaisir; on y vient uniquement pour sa santé. Nous avons trouvé un déjeuner très-passable à *l'hôtel Gaillard*, le meilleur de tous, mais nous n'avons pu manger ni de la lotte, ni du *lavaret*, poisson particulier au lac du Bourget, d'un goût exquis, avec lequel j'avais fait connaissance il y a deux ans et dont j'avais vanté la délicatesse au docteur, si digne de l'apprécier. On les a remplacés par des perches fort bonnes. Ici on ne pêche ni ne travaille le dimanche. Impossible d'avoir du lavaret ni de la lotte.

Après donc un prodigieux déjeuner, nous avons pris une barque, et nous voilà partis pour l'abbaye de *Haute-Combe*, où sont les tombeaux de famille de la maison de Savoie avant l'extension de sa puissance en Piémont. La brise était forte, le lac agité ; nous avions le vent debout ; deux vigoureux rameurs ont mis deux heures à franchir les douze kilomètres qui nous séparaient de l'abbaye. Il fallait se rapprocher des montagnes de gauche qui nous abritaient du vent. La manœuvre n'a pas été facile. Ces montagnes tombent à pic sur le lac ; là, point de débarcadère. C'est une grande muraille, non pas toujours nue. Le docteur, M. Jamin et un professeur de sciences naturelles du lycée de Moulins, M. Barat, charmant homme et botaniste distingué, nommaient, en passant, les plantes, les arbustes, admiraient les nombreuses pousses de figuier qui croissent dans les fentes des rochers, et faisaient assaut de science. Henry et moi nous contentions d'écouter en fumant un cigare ;

Henry craignait d'avoir le mal de mer, auquel il est sujet, car nous dansions un peu sur de petites vagues moutonneuses. Nous débarquons, le vent était tombé depuis une demi-heure. Nos bateliers avaient pris une assez grosse brème qu'une vorace lamproie avait saignée à blanc et qui flottait morte. Ils se proposaient d'en faire une excellente friture.

L'abbaye n'a de remarquable que l'église restaurée à neuf par Victor-Emmanuel; il y a dépensé deux millions, somme qui paraît prodigieuse ici. Les moines appartiennent à l'ordre de Citeaux, fondé par saint Bernard. Ils sont habillés de blanc avec une grande pièce noire en forme de croix par derrière et par devant; ils portent un large chapeau rond. Ces moines sont mieux dans leurs affaires qu'à mon premier voyage, il y a deux ans. Victor-Emmanuel s'est réservé la propriété de l'abbaye dans le traité de cession de la Savoie et du comté de Nice à la France. Il leur paie enfin une pension. Leurs biens sont *incamérés*, c'est-à-dire confisqués, en un langage moins poli. Nos exemples sont suivis partout quand ils rapportent.

L'église est dans le style gothique flamboyant. Nous n'avons rien de pareil en France, si ce n'est à l'église de Brou.

« Ce ne sont que festons, ce ne sont qu'astragales, »

mais on n'en trouve pas trop. Deux groupes sont

beaux, celui de Charles-Félix, roi de Piémont, et celui de sa femme, sœur de celle du roi Louis-Philippe. Nous l'avons reconnue à l'air de famille. Ces groupes, dus à des sculpteurs italiens, sont en marbre de Carrare et d'une bonne facture. Il ne faut pourtant pas trop les louer : les Italiens modernes ont du moelleux, pas de force. C'est dans le goût de *la France et l'Italie*, exposées, l'année dernière, par un Milanais, et auxquelles Paris a trouvé l'air d'une jeune mariée et d'une première communiante. On voit, dans des niches, les tombeaux de ducs et de duchesses de Savoie, réputations plus ou moins historiques, ici gigantesques.

La pluie nous a pris lorsque nous allions visiter la fontaine intermittente qui avait de l'eau par accident. Pour dix centimes, Henry et moi avons trouvé un parapluie de coton, percé, mais abritant suffisamment. La pluie n'a pas duré. Le lac, devenu calme et paisible, a été franchi en moins de cinquante minutes.

Mais nous avons couru un grand danger. Deux bateaux à vapeur, l'un assez grand, l'autre très-petit, viennent, chaque dimanche, de Lyon à Aix-les-Bains, chargés de passagers désireux de visiter le lac du Bourget et surtout l'abbaye. Moyennant un franc, les baigneurs d'Aix se joignent à eux. Or, deux artisans de Chambéry, qui avaient un peu trop fêté le vin de l'auberge placée non loin de l'abbaye, et qui, pour cette raison, avaient manqué le bateau à vapeur, nous ont demandé de vouloir bien les prendre dans notre barque. Nous n'avons pas voulu enlever cette bonne aubaine à nos bateliers. Mal nous en a pris. L'un des artisans était en état d'ivresse. Il a failli nous faire chavirer par ses mouvements désordonnés. Ce n'était pas difficile, le bateau prenait eau. Les deux bateliers, Henry et moi savions seuls nager. Si nos menaces n'avaient pas calmé l'ivrogne, nous commencions notre voyage par perdre trois de nos compagnons.

A sept heures, nous avons dîné admirablement bien, pourvus d'une faim homérique. Je recommande aux amateurs un certain vin de *Montmeillan :* il n'a pas la réputation qu'il mérite.

A dix heures, le chemin de fer nous a emportés vers Chambéry, où nous avons eu de la peine à trouver un gîte. L'hôtel de France, celui de la Métropole avaient été envahis, dès le matin, par la foule des botanistes. Enfin nous avons pu être admis à l'hôtel de la Poste, où, pour mon compte, j'ai une assez triste chambre; le docteur n'est pas trop mal logé. En sa qualité de fin négociant, Henry s'est fait donner une assez belle pièce passablement meublée. Le professeur Barat, en véritable universitaire, ne tenant guère à ses aises, s'est accommodé d'un grenier modelé sur le mien. A la guerre comme à la guerre; peut-être regretterons-nous plus tard nos lits de Chambéry, qui, du moins, sont passables.

J'ai omis de dire que nous avons eu pour compagnon de voyage, de Paris à Mâcon, un *chaous* d'Alger, espèce de bourreau, reçu, dit-on, dans les meilleures sociétés en Algérie. C'est un bel Arabe bronzé, au costume pittoresque, parlant bien français, et dont le yatagan, manié par une main vigoureuse, a probablement fait voler plus d'une tête.

CHAPITRE II

Chambéry. — Session botanique. — Le cardinal Billiet. — Les Savoyards. — Les Charmettes. — Jean-Jacques Rousseau. — Madame de Warens.

Nous sommes favorisés par le plus beau temps. Ici, comme dans tous les pays de montagnes, la température est très-inconstante; plus que fraiche le matin, extrêmement chaude à mesure que le soleil s'élève, le soir elle redevient froide. Selon que le vent souffle d'un côté ou de l'autre, il apporte avec lui des variations de température dont les étrangers doivent se défier. Les gens du pays portent peu de vêtements légers; ils quittent rarement le drap pour la toile ou le coton.

Chambéry n'a pas la grandiose ceinture de montagnes qui entoure Grenoble. Nous n'avons en vue que les premiers contreforts des Alpes. On n'aperçoit pas la région des sapins. Toutefois, rien n'est plus beau que cet amphithéâtre de sommets moyens qui se détachent sur l'horizon de quelque côté que l'on se place. En bas, des plaines de peu d'étendue, d'une fraicheur ravissante, semées d'élégantes maisons de campagne ; puis, le sol s'élève par pentes soit insensibles, soit rapides, avec des dépressions, des contours gracieux, des vallonnements dont l'art de l'homme ne saurait approcher. Des villas, des maisons de paysans, disséminées avec une certaine ordonnance naturelle, brillent au soleil, ou sont cachées momentanément dans la pénombre. C'est une sorte de tableau tranquille, mouvementé parfois par l'apparition de cultivateurs, de bestiaux paissant, accidenté par la disposition et la coloration des nuages, suivant qu'ils sont plus ou moins opaques ou pénétrés par les rayons solaires.

J'arrête là les descriptions pour venir à l'emploi de notre journée.

Dès huit heures du matin, le 27 juillet, le docteur, M. Jamin, Henry et moi, avons été visiter le jardin botanique attenant à l'ancien château des ducs de Savoie, transformé en préfecture. On y avait rendez-vous pour régler l'emploi de la journée du lendemain.

Cette formalité remplie, après un coup d'œil jeté sur les collections du Musée qui nous ont paru assez riches pour une ville de province; après avoir déploré le vol commis, il y a trois ans, de huit cents médailles appartenant à la dynastie locale, vol dont on n'a pu découvrir l'auteur, nous sommes descendus dans le jardin. Là, nous avons pu mieux apprécier la différence entre le climat de Chambéry et celui de Paris.

Nous avons une température *méridionale*. Ce n'est plus ce soleil clément que nous connaissons; ici ses rayons transpercent; sous leur vivifiante influence, des plantes, des arbres, vivant chez nous en serre, s'étalent joyeusement et donnent leurs fleurs. Le docteur, M. Jamin, sont dans le ravissement.

Le jardinier-chef est venu nous rejoindre. C'est un bon type d'honnêteté familière, respectueuse plus pour la science des hommes que pour leur qualité présumée. Je prends une branchette de *palinurus aculeatus*, arbre qu'on présume avoir fourni la couronne d'épines de Jésus-Christ. Le docteur s'est fait donner une branche fleurie de *magnolia purpurea*, qu'il n'avait jamais vue en fleurs.

Le sol est excellent. Ses sucs nourriciers portent à une végétation luxuriante. Exemple : le jardinier avait fait une barrière contre les déprédations des enfants avec des branches coupées, élaguées et appointies de platane oriental; ces branches se sont mises à pousser vigoureusement et forment une belle haie verdoyante.

Que n'ai-je assez de science pour dénombrer les plantes méridionales dont on ne voit, à Paris, d'échantillons que dans les serres ! J'en suis presque satisfait, j'ennuierais le lecteur par une nomenclature trop prolongée. Hélas ! je suis, en ce moment, victime de la nomenclature. Henry en sait quelque chose par lui-même.

Il est dix heures. Le déjeuner nous appelle à l'hôtel de la Poste. Quel riche appétit ! Une heure s'écoule en amusantes causeries. Le docteur est en verve ; il est l'objet d'une attention générale. La table d'hôte est nombreuse. Les convives sont aimables et de choix.

La première séance de la session botanique est annoncée pour une heure : nous avons le temps d'aller visiter les pépinières de M. Burdin au *faubourg de Vezin*. Le professeur de Moulins se joint à nous.

Les jardins de M. Burdin sont en pente douce et parfaitement cultivés, un peu brûlés du soleil. Les arrosements ne paraissent pas aussi nécessaires ici qu'à Paris, en raison des rosées abondantes des nuits.

M. Burdin était absent. Son premier jardinier nous reçoit. M. Jamin est dans son centre, et l'enthousiasme le gagne au milieu de richesses dont il peut apprécier la variété et l'abondance. Les plantes, les arbres, lui sont connus, ainsi qu'au docteur, mais ils sont dans d'autres conditions que sous la froide latitude parisienne. Je consulte mes notes, et je vais tomber dans la nomenclature. Je citerai seulement un arbre, l'*acacia julibrizin*, dont je rapporte une branchette. Il est en fleurs en pleine terre. Il gèle à Paris, ou n'y fleurit pas. Quelles houppes élégantes et fines, quelle coloration rose tendre, quelle suavité d'odeur! Les Parisiens n'en peuvent avoir une idée.

De la propriété de M. Burdin la vue est magnifique. Un amphithéâtre de montagnes ferme l'horizon à longues distances. J'ai compté seize sommets. Ces montagnes sont de moyenne hauteur. Dans une échappée, on entrevoit les sommets neigeux des hautes Alpes.

Si nous abaissons la vue sur les riantes campagnes qui s'étendent ou montent en pente plus ou moins rapide vers les contreforts des montagnes les plus voisines, un brillant tableau se déroule devant nous.

Ces maisons clairsemées, entourées de grands arbres, ces variations de teintes du vert le plus foncé au vert le plus tendre, ces places jaunes, roussâtres, annonçant des moissons faites, ce paysage tranquille quoique animé, les grands nuages diversement colorés qui passent ou se fixent au flanc des hautes roches, tout cela ravit, transporte, et, si ce n'étaient le devoir, la famille et quelques amis, Paris, ses amas de pierres, son macadam, ses boulevards poudreux, ses bois civilisés, on oublierait tout cela volontiers, et pour l'éternité..... c'est-à-dire pour quelques jours, car le vrai Parisien ne saurait longtemps s'éloigner, sans regrets, de la grande ville.

Nous quittons à la hâte les pépinières Burdin pour aller à la séance de la Société botanique. M. Burdin nous rejoint. C'est un homme fort bien, montagnard, trappu, intelligent. Il nous suivra probablement au mont Cenis.

La séance a lieu dans une assez grande salle du séminaire, d'ancien caractère, avec poutrelles au plafond. Elle est décorée avec simplicité ; de belles plantes en caisse sont au fond et sur les côtés.

Mgr Billiet, cardinal et archevêque de Chambéry, a la présidence d'honneur. Ce vieillard vénérable, âgé de quatre-vingt-un ans, est plein de force encore, un peu courbé, d'une figure placide, à grands traits, l'œil point éteint. C'est un botaniste assez éminent, auquel on a dédié une plante par lui décrite ; son vicaire général est un type dont je reparlerai.

La présidence effective était à M. le docteur Cosson, président, pour l'année, de la Société botanique de France, et, comme tel, chef de notre caravane, homme charmant, modeste, parlant bien, plein de dignité et de bienveillance. Je m'accuse d'avoir un peu dormi durant son discours, non qu'il fût sans intérêt, bien au contraire ; mais la fatigue et la somnolence produites par la haute température de la salle l'ont emporté. J'ai pu entendre la fin de son allocution, dont la bonne grâce m'a fait vivement regretter la partie non entendue.

L'allocution du premier adjoint au maire de Chambéry, qui, avec le préfet du département, avait bien voulu assister à la séance, a été chaudement applaudie ; elle méritait de l'être, pour le fond, la forme, et aussi la dignité calme de l'orateur.

Nous avons pris un véritable plaisir au discours de M. le docteur Bouvier, prononcé d'abondance. C'était l'histoire des botanistes savoyards. M. Bouvier insistait sur le mot savoyard avec une accentuation de bon goût. Nous l'en avons complimenté. Quelle sottise de se qualifier de *Savoisien !* Il me semble entendre un *monsieur* parlant de son *épouse,* ou un paysan de ses *demoiselles.* Soyons ce que nous sommes. On peut être Savoyard et en être fier. Avoir conservé une indépendance disputée pendant neuf siècles, avoir failli posséder une partie du sud-est de la France, avoir fourni plus d'un grand homme, être une *race,* c'est quelque chose assurément.

Je parle de race. Oui, la race des Allobroges s'est conservée pure. Les types sont nombreux. Ces figures carrées, ce nez fort, ces narines bien ouvertes, ces yeux bleus, cette bouche large et bien dentée, ce menton osseux et fourchu, constituent une physionomie tranchée. On sent la force, la volonté, la naïveté, la finesse et la bonne foi. Les hommes et les femmes appartenant au type allobroge sont grands, bien membrés, véritables montagnards.

La Savoie doit la conservation de sa race à sa longue indépendance. Elle n'a point été trop pénétrée par les invasions barbares. Les Romains l'avaient respectée et la tenaient pour amie. Je parlerai au mont Cenis du roi Kotth, le Cottius des Romains ; il a donné son nom aux Alpes Cottiennes. C'était un grand ami de l'empereur Auguste, qui le dirigeait dans un but de civilisation.

Après la séance, à 3 heures et demie, nous sommes partis pour les *Charmettes*, où on arrive, en une heure, par une bonne route montante, fraîche, ombragée par des acacias, des noyers et quelques platanes.

Les plus belles années de la jeunesse de Jean-Jacques Rousseau se sont passées aux Charmettes. Il s'y est formé au vice qu'il a divinisé dans ses *Confessions* sous le nom de vertu ; il y a pris ces grands élans de l'âme et cette haute éloquence, ces aspirations élevées vers le bien, qui ont fait de lui le moniteur d'une société corrompue aspirant à se régénérer. Madame de Warens vivra par lui dans tous les siècles. L'a-t-il déshonorée par sa franchise trouvée cynique aujourd'hui ? En dévoilant les faiblesses de cette dame, sa bienfaitrice, a-t-il manqué de reconnaissance ? Non, dans son intention, au moins.

Lorsqu'on veut juger un homme, une femme, il faut se reporter au siècle où ils ont vécu, se replonger par la pensée dans le milieu où ils s'agitaient. Nos pères ont trouvé adorables les pages consacrées par Rousseau à cette partie de sa vie. Ce mélange de matérialisme et de spiritualisme a paru naturel, relativement vertueux.

Les *Charmettes* sont bien nommées : on y est sous le charme, en s'isolant même des souvenirs qui s'y rattachent. La maison est simple ; elle porte aujourd'hui le n° 149 et est comprise dans l'octroi de Chambéry, m'a-t-on dit ; je ne le crois guère. Les armoiries placées au-dessus de la porte ont été brisées bêtement en 1793. Tout près de leurs débris, sur une plaque de marbre, on lit ces vers d'Hérault de Séchelles et de madame d'Épinay. Hérault de Séchelles est devenu depuis conventionnel, et a fini sur l'échafaud ; grand seigneur philosophe, il avait tout sacrifié à la révolution, en fidèle disciple de son maître.

> Réduit par Jean-Jacques habité,
> Tu me rappelles son génie,
> Et ses malheurs et sa folie.
> A la gloire, à la vérité,
> Il osa consacrer sa vie,
> Et fut toujours persécuté,
> Ou par lui-même ou par l'envie.

C'est un tableau fort véridique pris dans le sens littéral ; mais Hérault de Séchelles ne l'entendait pas ainsi. La folie de Rousseau, pour lui, est d'avoir osé consacrer sa vie à la gloire et à *la vérité*. Ces vers sont donc très-ironiques. La vertu *doit* succomber, au moins souffrir, voilà la pensée vraie.

On entre dans une première pièce, après avoir traversé une antichambre. C'est d'une simplicité parfaite ; point de parquet, du carreau, non le primitif, il a dû être renouvelé. Le buste de Rousseau est en face de celui de Voltaire vieilli, avec le type traditionnel. Il y a un beau portrait de Jean-Jacques dans la vigueur de l'âge, faisant pendant à celui de madame de Warens, d'un assez bon coloris. Madame de Warens a la quenouille au côté et file. De pitoyables gravures, représentant des monuments ou des vues de Chambéry et de ses environs, sont dans de petits cadres noirs fort peu élégants. La table et les chaises sont du temps de Jean-Jacques. Ces dernières ont, au dossier, une lyre ou quelque fantaisie grossièrement sculptée.

La montre de Jean-Jacques, la première qu'il ait eue, donnée par madame de Warens, est montrée aux étrangers ; elle est d'argent, en forme de boule coupée par le milieu ; véritable œuf de Nurenberg partagé en deux.

J'oubliais un tableau assez original : un épais vieillard barbu détourne du cœur d'un jeune homme, en araissant vexé, un trait lancé par l'Amour qui s'envole. C'est un Mentor et un Télémaque. Pendant la ferveur révolutionnaire, on s'est avisé de coiffer le Télémaque d'un bonnet phrygien, rouge d'abord, aujourd'hui rose. L'addition est évidente; je ne sais si elle a été déjà signalée.

Le salon est planchéié à neuf, très-simplement; il devait être carrelé du temps de madame de Warens. C'est une assez grande pièce. On y voit le clavecin, la table à jeu, ainsi qu'une glace de Venise, authentiques. Ce qui est moderne, c'est une Flagellation, un portrait de Ramond, bien placé là, du reste, comme celui de l'un des plus élégants et plus vrais peintres de la nature pyrénéenne, formé par les écrits de Rousseau et entraîné, par son exemple, vers la botanique, dont il est l'une des gloires les plus éclatantes et les plus pures.

Nous n'avons pas vu les chambres à coucher. Je ne le regrette pas. Il n'y a rien là d'authentique. Tout a été renouvelé cent fois. On a vendu cent fois les franges des rideaux du lit de madame de Warens.

On nous a présenté le livre des visiteurs. Les bêtises y abondent. J'en ai grossi le nombre sous la dictée du docteur qui en porte le péché. M. Jamin a pris l'engagement de nommer « J.-J. Rousseau » la première rose qu'il découvrira. Le docteur a visé nos signatures : c'était un hommage rendu à Jean-Jacques botaniste par des membres de la Société botanique de France, ou des touristes admis momentanément à suivre ses travaux. Il a rappelé la pervenche tant célébrée par Rousseau.

Nos botanistes ont visité le jardin, suivis modestement par Henry et moi, qui prenais des notes. Le jardin est dans le style français. Les poiriers et pommiers sont en pleine vigueur, bien conduits, chargés de fruits ; on sent que l'on a ici un sol généreux, un peu humide. M. Jamin a retrouvé des roses ; quelques-unes fort anciennes lui étaient inconnues. Les plus belles étaient *Thé Bougère, Ernestine de Barante, Thé Buret, Madame Lafay, Chromatella* (noisette), *Mgr Bonella*. Le docteur m'a donné comme souvenir une branche de *clematis integrifolia* et un pied de *ceterach officinarum*, très-beau. Cette fougère intéressante croît spontanément et en abondance sur les murs du jardin.

Au bas, du côté droit du jardin, est le verger, avec un grand berceau de vignes, et des arbres à fruits en plein vent, tout cela bien agreste. Là, Jean-Jacques, à peine adolescent, s'abandonnait à ces rêveries qui devaient être plus tard si fécondes pour le bien ou le mal.

La vue s'étend du jardin sur les premiers contreforts des montagnes. On aperçoit la dent *de Nivolet*, qui s'élève à une altitude de 1,500 mètres, roche nue, de couleur grise, à couches successives marquées par des lignes noirâtres. De beaux vallons, riches de culture, s'étalent par étages jusque dans la plaine peu étendue qui commence à Chambéry de ce côté.

Pauvre Jean-Jacques! comme tout est changé pour lui. Jusque vers 1820, que de larmes d'attendrissement ont été versées par les touristes à sentiment, fous de sa philosophie! Peu à peu l'attendrissement a fait place au doute, puis à l'indignation plus ou moins feinte. Aujourd'hui l'attendrissement reste faible, l'admiration se maintient avec réserve, le jugement devient impartial. Ainsi va le monde.

Notre siècle s'est détaché du dix-huitième, matériellement, vers 1830, par les bateaux à vapeur transatlantiques, les chemins de fer et le gaz; moralement, vers 1840, par le doute commençant contre l'efficacité de l'économie politique des Quesnay, Adam Smith et Jean-Baptiste Say; il a aujourd'hui sa physionomie propre, scientifique, religieuse, dans le bon sens du mot, sans fanatisme pour ou contre. Ce n'est pas une réaction contre son devancier, c'est autre chose. Où le XVIIIe siècle riait, le nôtre raisonne ; où le XVIIIe siècle pleurait, le nôtre raisonne. Nous raisonnerons tant et si bien, que nous deviendrons peut-être raisonnables!

Nous sommes revenus à six heures à Chambéry par le même chemin. Un dîner confortable (oh! le vilain mot anglais!) nous attendait. Nous y avons fait grandement honneur, et, vers neuf heures et demie, nous avons regagné, pesamment et fatigués, nos chambres, où le sommeil nous a bercés jusqu'à cinq heures du matin.

Aujourd'hui 28 juillet, à onze heures et demie, nous prenons le chemin de fer, nous dirigeant vers le mont Cenis. Nous nous arrêterons à *Saint-Jean de Maurienne.*

Le docteur, à qui je lis cet article composé ce matin même, me fait remarquer que ce n'est pas le portrait de Ramond qu'on trouve dans le salon de madame de Warens, mais celui de M. Raymond, le propriétaire actuel des Charmettes. Cet excellent homme a voulu que les nombreux pèlerins qui viennent apporter leurs hommages ou leurs imprécations dans la demeure illustrée par Jean-Jacques, pussent contempler son auguste face. Je ne veux pas supprimer mon appréciation sur Ramond, d'abord parce qu'elle est juste, ensuite parce qu'elle est une preuve des bévues dans lesquelles peuvent tomber les voyageurs inattentifs.

CHAPITRE III

Aspect général de Chambéry. — Le château ducal. — La Métropole. — La fontaine des Eléphants. — L'hôpital. — Le général de B...... — Effets de l'annexion.

Je vais parler de Chambéry même, que je connais bien pour l'avoir parcouru en détail, il y a deux ans, au retour de la Grande-Chartreuse, où je m'étais rendu avec la Société entomologique de France à la recherche de lépidoptères, de coléoptères, et surtout de la santé.

Chambéry n'est pas une belle ville ; elle a son originalité. Comme Grenoble, elle est entourée de montagnes, et, pendant qu'on est transpercé par les rayons brûlants de son soleil méridional en parcourant son jardin botanique, ses promenades publiques et ses alentours, on aperçoit briller la neige sur les hauts sommets qui se détachent au second plan des Alpes. Au premier plan de ces montagnes, il n'y a point de neige en été ; les roches nues se détachent d'un fond de verdure et s'élancent, comme de grands bastions grisâtres, à des altitudes moyennes.

Chambéry est une ville d'un aspect monacal. Ses rues sont étroites, tortueuses ; son unique place intérieure, celle de Saint-Léger, n'est pas plus vaste que la rue Taranne à Paris, à laquelle elle ressemble beaucoup. Les maisons ont un air triste et uniforme ; elles ont presque toutes une porte cochère cintrée assez basse qui donne accès à une longue voûte au bout de laquelle on trouve une cour et une seconde maison indépendante de la première. Une seconde porte cochère, une seconde allée, et souvent une troisième maison se retrouvent à la suite ; une dernière allée vous conduit enfin à une rue quelconque.

La nécessité de la défense a forcé Chambéry à se resserrer. Les ducs de Savoie, race militaire et ambitieuse, placés entre la France et l'Italie, ont dû vouloir d'abord s'agrandir aux dépens de la France dont aucune barrière ne les séparait. Ils ont trouvé à qui parler dans la forte et courageuse race dauphinoise. A mesure que l'autorité royale se consolidait en France par l'abaissement des seigneurs féodaux, les empiètements des ducs de Savoie sur le sol français étaient réprimés. Henri IV enfin leur arracha la Bresse et le Bugey, pendant qu'il reprenait aux Suisses le pays de Gex, ce dont les bons Suisses ne sont pas encore consolés. Henri IV leur avait promis, il faut l'avouer, de le leur rendre. Ils lui ont conservé rancune de son manque de parole. Sa promesse n'était au fond qu'une gasconnade, fort heureusement. Lors de l'annexion de la Savoie, les Suisses ont reparlé du pays de Gex.

Chambéry ne compte guère de monuments. Quand vous avez visité la cathédrale, la *métropole*, comme on dit ici, située sur une place cailloutée en mosaïque, et grande, tout au plus, comme la salle du trône à l'Hôtel de Ville de Paris, deux autres églises sans caractère architectural, le Musée et sa remarquable annexe, le jardin botanique, le château des ducs à Savoie, la fontaine des Éléphants et la rue à arcades qui y conduit, les promenades plantées de magnifiques platanes sur lesquelles s'ouvre l'hôpital restauré et richement doté par M. de B....., on a à peu près tout vu. Je ne parle pas de la Cour impériale, ancien Sénat de Savoie, dont on cite la distribution intérieure, mais dont on doit déplorer la monotone ordonnance extérieure.

J'avais visité le château, il y a deux ans, avec Henry. Nous l'avions trouvé dans le plus étrange délabrement, presque en ruines. La chapelle ducale ressemblait à une grange. La tribune du prince et de sa famille valait, pour l'ornementation, l'une des tribunes du grand amphithéâtre de la Sorbonne, qui ne sont pas belles. Partout la nudité, pas un tableau de valeur.

Depuis l'annexion, le château a bien changé d'aspect. On l'a restauré ; les murs croulants ont été consolidés ou refaits ; on termine en ce moment la façade monumentale qui n'était pas même commencée à mon premier voyage. Le château est devenu l'hôtel de la préfecture, et l'on y a ménagé un appartemeent pour l'Empereur.

L'honorable M. Dieu, nommé préfet du département de la Savoie, après l'annexion, a imprimé à son administration une activité incroyable. Il avait à organiser tous les services, à ménager tous les intérêts. Il a si bien navigué au milieu de cette mer inconnue, qu'il a obtenu des résultats remarquables. Deux ans d'absence m'ont permis de juger des progrès accomplis.

M. Dieu préside aujourd'hui le Conseil de préfecture du département de la Seine.

L'église métropolitaine n'a pas encore ressenti les effets de l'annexion, elle est encore dans le même état de nudité. Je n'aime pas les fresques qui la *décorent*, comme on dit à Chambéry, et qui, bien exécutées, j'en conviens, sont un simple trompe-l'œil ramenant l'église au style gothique orné.

Ce qui caractérise les églises de Savoie, c'est leur clocher revêtu de fer-blanc qui étincelle sous les feux du soleil.

La métropole n'a point cet *ornement*.

Que dirai-je de la fontaine des Eléphants? C'est un monument lourd et assez disgracieux. L'intention qui l'a fait ériger est bonne et respectable; la conception est médiocre, l'exécution l'est encore plus.

J'aime mieux M. de B..... consacrant une partie de son immense fortune à la dotation du bel hôpital dont j'ai dit un mot plus haut.

Malgré tous les bienfaits que cet homme distingué a répandus à profusion sur Chambéry, sa ville natale, il n'a guère laissé d'admirateurs, encore moins d'amis dans la bourgeoisie chambéritaine. Le peuple l'apprécie mieux et le désigne, ainsi que le fils qu'il a laissé et que nous avons vu à Paris député au Corps législatif, sous le nom de prince de B...... Avec ses mœurs et ses idées sur la grandeur, il ne saurait mieux manifester l'étendue de sa reconnaissance.

Le général de B..... avait servi dans l'armée de la Compagnie des Indes. Il commandait une brigade sous Wellington, alors sir Arthur Wellesley, dans la mémorable guerre qui s'est terminée par la chute de Tipoo-Saëb.

Les Anglais font la guerre dans les Indes à la mode antique : ville prise, ville appartenant à l'armée conquérante. Richesses publiques et particulières, tout est mis en bloc et vendu aux marchands sans nombre qui, comme des loups-cerviers, servent de cortége aux armées anglaises. On distribue ensuite les parts de prise, depuis le général en chef jusqu'au simple tambour, chacun suivant son rang et son grade. Nous avons vu, il y a vingt ans, le général Gough retirer quatre millions pour sa part des dépouilles du jeune et malheureux héritier de Rungeet-Sing.

La Reine a reçu, à titre d'hommage de l'armée, le fameux diamant *ko-hi-noor*.

L'application de ce système rendit le général de B..... très-riche. De retour en Savoie, il fit un usage excellent, sinon artistique, de sa grande fortune.

Je ne sais quelles fables j'ai recueillies sur son compte à Chambéry. C'était un parfait honnête homme, imbu des idées aristocratiques anglaises. Son fils, non moins bienfaisant, est entré dans le courant des idées européennes, et je pense qu'il n'approuve pas le système de guerre des Anglais, modelé sur celui de Cyrus, d'Alexandre et des Romains.

Pour être de complets imitateurs de l'antiquité, les Anglais auraient dû vendre à l'encan les vaincus, hommes, femmes et enfants. Malheureusement pour eux, ils n'auraient pas trouvé marchand. D'ailleurs, le *cant* britannique a été, depuis un demi-siècle, à l'abolition de l'esclavage, qui n'était plus utile à l'Angleterre depuis la perte de ses colonies d'Amérique. L'Angleterre s'est prise, depuis la sécession américaine, d'un certain faible pour les Confédérés possesseurs d'esclaves. L'aristocratie britannique a des intérêts, non des principes.

Revenons à Chambéry. Cette ville compte une foule d'hommes distingués par leurs manières, leur science et leur modestie. Mon accession à la Société botanique de France m'a permis de les juger. J'ai trouvé chez eux de la gravité, une sorte de naïveté spirituelle, et du fond. Les dames sont gracieuses et bonnes. Elles font, comme partout, abus de la crinoline : ce travers passera, lorsqu'un autre lui aura succédé.

La Savoie est une heureuse acquisition pour la France; l'annexion est un bienfait pour la Savoie; notre frontière est rectifiée, nous avons retrouvé des amis, des frères.

L'annexion n'a pourtant pas trouvé les cœurs unanimes en Savoie; les intérêts du moment ont offusqué plus d'un jugement. Des marchands ont regretté les marchandises anglaises introduites par contrebande. Beaucoup d'employés ont tremblé, non pour leurs droits acquis, mais pour le maintien de leur résidence en Savoie. Des prêtres ont redouté la communication à leurs ouailles de nos mœurs qualifiées d'irréligieuses ; le rétablissement du mariage civil les a peu satisfaits. Mgr Billiet, archevêque de Chambéry, a pris et a fait prendre à son clergé son parti de cette nécessité. La noblesse, influente et respectable, a craint la contagion des idées démocratiques.

Il n'y a pas eu cependant beaucoup de votes émis contre l'annexion. La situation ne le comportait pas. Pourquoi opposer la mauvaise grâce à une situation fatale?

Quant au peuple des villes et des campagnes, l'annexion l'a enthousiasmé. Il n'y a pas de meilleurs Français.

L'annexion a singulièrement profité à la Savoie, pauvre et délaissée par les rois de Sardaigne. Notre France est bonne mère; elle traite avec prédilection ses plus jeunes enfants, et s'attache à eux en raison de leurs souffrances présentes ou passées. La Savoie verse dans notre armée un contigent moins fort que celui qu'elle devait à ses anciens rois; le soldat sert moins longtemps. Elle paie moins d'impôts; la France est moins fiscale que le royaume d'Italie.

La France a refait les routes, les ponts, restauré les monuments. Ses administrateurs, ses ingénieurs ont porté en Savoie le souffle français. Ses capitaux ont reflué sur l'industrie savoyarde. Les rivières et les ruisseaux sont ou seront utilisés; les chutes d'eau, si fréquentes dans ce pays de montagnes, feront marcher des usines, économisant l'emploi de la vapeur.

Les torrents plus ou moins dévastateurs seront, autant que possible, réprimés. La Savoie, rattachée à Lyon par une voie ferrée, à Grenoble par une autre, entrera en communication plus intime avec le grand mouvement des affaires européennes. Avant dix ans, les deux départements de la Savoie seront au nombre des plus riches de France.

A Paris, on croit assez généralement que tous les Savoyards sont ramoneurs de cheminées ou commissionnaires. Qui n'a pas donné plus d'un petit sou à ces pauvres enfants dont la figure couverte de suie est souvent agréable? Les Savoyards valent les Français; il y a parmi eux des hommes de toutes les valeurs. Nous leur avons fait honneur en les admettant dans la famille française; ils nous complètent et nous honorent aussi.

Dirai-je un mot de la gaze de Chambéry, si recherchée de nos dames parisiennes? Le temps m'a manqué pour visiter les manufactures.

Je conserverai toujours un bon souvenir de cette intéressante ville, que j'ai vue deux fois et que j'espère bien revoir une troisième fois, lorsque mon fils, ayant terminé ses études, ira à son tour herboriser dans les Alpes.

CHAPITRE IV

De Chambéry à Saint-Jean de Maurienne. — Paysage. — Montmeillan. — Aspect de la Maurienne.

Nous quittâmes Chambéry, le 28 juillet, à onze heures et demie du matin, par le chemin de fer Victor-Emmanuel, nous dirigeant sur Saint-Jean de Maurienne. Le train s'engage dans un pays intéressant; des fenêtres du wagon, nous voyons se déployer un panorama dont je vais essayer de donner une idée.

Jusqu'à Montmeillan, rien de bien digne d'attention. Nous sommes dans la Savoie proprement dite, nous ne devons pas, du reste, la quitter. Le paysage ne diffère pas essentiellement de celui de Chambéry ; à Montmeillan, c'est autre chose.

La montagne qui donne son nom au village a une altitude de 1,500 mètres; elle est sur la rive droite de l'Isère. Sur son premier contrefort s'élevait autrefois l'une des plus redoutables citadelles de l'Europe. Elle est en ruines aujourd'hui; assiégée et prise par François Ier, elle a longtemps arrêté Henri IV, qui, de guerre lasse, se disposait à en ever le siége. Lesdiguières, depuis connétable, le vrai héros du Dauphiné, reconfortant son maître et son ami, le conjura de persévérer et assigna même un jour pour la chute de la place. Lesdiguières s'engageait à supporter les frais du siége si ses prévisions étaient déçues. La fortune ou son habileté lui donnèrent raison; Montmeillan tomba presque au jour fixé. Le château fut démantelé; mais, après la paix qui nous donna le Bugey et la Bresse, le duc de Savoie le rétablit. Sous Louis XIV, il subit un dernier siége; le maréchal de Catinat dut déployer les talents supérieurs que couvrait sa modestie, pour devenir maitre de Montmeillan. La forteresse ne se releva plus.

Montmeillan, en italien *Montemigliano,* est l'ancien *Mons Emilianus* des Romains. Quoique les Allobroges n'aient jamais été traités par les Romains en peuple conquis, il était dans la politique sénatoriale, puis impériale, de s'asseoir au milieu des peuples alliés par des camps permanents qui donnaient ordinairement naissance à des villes constituées sur la forme romaine, avec sénat, consuls, questeurs, etc., etc. La ville de Montmeillan, née d'un camp, acquit sous l'empire romain une certaine importance; elle la perdit peu à peu pour devenir ce qu'elle est aujourd'hui.

Saint-Pierre-d'Albigny est aussi une localité remarquable. C'est un gros bourg de 3,500 âmes, dont les maisons sont couvertes en ardoises provenant des roches schisteuses d'alentour. Il est situé sur la rive droite de l'Isère dont le chemin Victor-Emmanuel suit la vallée dans une grande partie de son parcours.

Il y a peu de travaux d'art sur ce chemin de fer; point de tunnels, sauf dans la partie de la Maurienne voisine de Saint-Jean.

Nous avons remarqué le château de Miollens, ancienne prison d'Etat en ruines, construite par les ducs de Savoie sur un rocher à 300 mètres de hauteur. La grande porte du château, flanquée de deux tourelles, et une tour isolée à moitié détruite, restent seules debout. Tout cela a fort grand air. Au-dessous du contrefort s'élève le mont Armenas. Les flancs de cette montagne, en partie boisés, en partie dénudés, se terminent par de hautes crêtes abruptes. Des champs cultivés s'étalent par places. Ici l'homme est intrépide et tenace; tout ce qu'il peut conquérir sur la stérilité, il le conquiert.

A la vallée de l'Isère succède celle de l'Arc, vallée étroite, fertile. Le maïs, le chanvre y abondent et y acquièrent des proportions considérables.

Après avoir admiré la situation pittoresque d'Albertville, sous-préfecture assez importante, surmontée de hautes montagnes, et donné un coup d'œil de regret au village d'Aiguebelle qui s'enfuit, nous contemplons le fort des Charbonnières sur la gauche du torrent. Ce fort a été pris, détruit par Henri IV, et n'a jamais été reconstruit. La maison de Savoie n'avait plus d'intérêt à le faire; du moment où elle avait échoué dans la prétention insoutenable de se créer un royaume dans le sud-est de la France, elle devait tourner ses yeux sur l'Italie.

La France est bonne personne : elle n'aime pas les conquêtes qui laissent les vaincus mécontents; elle n'a jamais, avant la Révolution, désiré sérieusement rattacher la Savoie à la nationalité française; il lui plaisait assez d'avoir auprès d'elle une petite France dans la Savoie, qui, sous l'indépendance matérielle que lui assurait la souveraineté de ses ducs, restait soumise à son action au point de vue intellectuel. Les Savoyards se sont battus huit cents ans contre les Français, sauf des intervalles de paix de dix à quinze ans. Jamais ils n'ont eu contre nous ces haines vigoureuses engendrées par l'opposition des intérêts, la différence de religion et les antipathies de races; Français, Savoyards sentaient instinctivement qu'ils n'étaient séparés que par leurs princes. Un moment devait venir où la petite France s'absorberait volontairement dans la grande, tout en conservant sa physionomie particulière.

Le col de la Madeleine, couronné de glaciers avec des torrents tombant en cascades, est un lieu pittoresque. Les neiges des hauts sommets brillent au soleil; plus bas se dessinent des champs cultivés sur des pentes qui paraissent inaccessibles. Comment font les paysans pour cultiver ces champs, pour en recueillir les moissons? Dans les montagnes, les illusions d'optique sont communes. Un champ qui parait grand comme la main a souvent une vaste étendue. Il existe des prairies que vous ne voyez qu'en arrivant près d'elles. Ce sont autant de découvertes, et c'est ce qui récompense le vrai touriste de ses fatigues. Il se croit au milieu d'une nature tourmentée, presque morte; au détour d'une roche, il se trouve dans un champ cultivé, au milieu de moissons magnifiques.

Je n'ai pas parlé des forêts de sapins. Du chemin de fer, on dirait des graminées, ou tout au moins des arbustes nains; en réalité, beaucoup d'entre ces sapins ont une trentaine de mètres d'élévation. Comme la montagne s'étage derrière eux, les sapins semblent appliqués contre elle et se confondre avec ceux qui les surmontent. Les cimes des uns se trouvent au pied de ceux qui ont crû sur des altitudes plus grandes.

Enfin, nous entrons en Maurienne, la bien nommée, *pire que rien*, je hasarde cette étymologie. Quel pays! Montagnes dénudées, abruptes, entre lesquelles serpente le Victor-Emmanuel. Rien ne peut donner une idée de cette affreuse contrée. C'est une vraie désolation. De temps à autre pourtant on aperçoit quelques pentes de montagnes un peu cultivées, quelques forêts de sapins. La stérilité, la nudité des roches est l'aspect général. Les petits ramoneurs si intéressants, moins naïfs qu'ils ne le paraissent, sortent, en général, de la Maurienne ou de la Tarentaise.

Les hivers sont rudes. Tous travaux sont impossibles. On se réunit dans les étables pour échapper au froid. Les hommes émigrent, emmenant les garçons à partir de sept à huit ans. On voit beaucoup de goitreux, de crétins. Dans l'auberge où nous sommes, à Saint-Jean-de-Maurienne, décorée du titre ambitieux d'hôtel « de Saint-Georges, » nous avons une jeune fille atteinte de crétinisme. On a du respect pour les crétins, respect qui ressemble à celui des musulmans pour les fous. Le christianisme a inspiré cette charité. Du temps du roi Kotth, on suivait l'exemple des Romains, on étouffait, on exposait les crétins. La puissance paternelle s'exerçait pour détruire ces pauvres êtres !

CHAPITRE V

Ascension sur la montagne de Bonne-Nouvelle. — Saint-Jean-de-Maurienne. — Le clergé savoyard. — Le goître et le crétinisme. — Les origines de la maison de Savoie.

Je reprends la plume après un sommeil réparateur. Le docteur, Henry et moi couchons dans la même chambre. Ici on n'économise pas la place; les chambres sont immenses.

A peine arrivés à Saint-Jean, hier, 28 juillet, vers trois heures et demie, l'intrépide docteur organise une excursion botanique. Nous partons pour les hauteurs de *Bonne-Nouvelle*, à mi-élévation desquelles est construite une modeste chapelle. Nous gravissons par un sentier de chèvres, à travers des vignes qui produisent un vin dont la réputation locale pourrait s'étendre aisément. Le vin de Princens (étymologie probable : *princeps*, vin de prince) est supérieur au vin de Montmeillan. Il le disputerait à nos bons crûs, s'il pouvait supporter le voyage. En vieillissant, sa qualité diminue. Bu à deux ans, il mérite les plus grands éloges. Le crû de la Fradière a aussi des amateurs.

Les hauteurs de Bonne-Nouvelle sont d'une rare fertilité. Les vignes montent jusqu'aux deux tiers de la montagne qui, comme toutes les autres, se termine en crête. Nous avons presque atteint la croix qui surmonte les ruines d'une vieille chapelle à laquelle ne paraît se rattacher aucune légende. Sur la plupart des montagnes en vue nous apercevons de semblables chapelles.

Dans toute la Savoie, la religion catholique a de fervents disciples. Le clergé est éclairé. Sa domination intellectuelle est tellement assise, qu'il n'a ni fanatisme, ni rigueurs inutiles. L'ascétisme ne ferait pas fortune en Savoie.

On ne devient curé en Savoie, même d'une pauvre paroisse, que vers l'âge de 45 ans. A cette époque de la vie, les passions sont amorties, on juge les hommes et les choses avec plus de sérénité et d'indulgence. Les jeunes prêtres sont répandus comme vicaires dans les diverses paroisses ; ils vivent avec le curé et se forment sur son exemple à la simplicité, à l'abnégation, à la pauvreté. Véritables pères de leurs paroissiens, les curés les aident de leurs conseils, de leur argent quand ils en ont, chose rare, et leur prêchent le courage, l'amour du pays, le respect des lois de l'Eglise et du prince, mais sans servilité.

Jean-Jacques Rousseau, en écrivant la Confession du vicaire savoyard, avait son modèle sous les yeux. Seulement il a donné à son vicaire une teinte de philosophie propre au xviiie siècle. Retranchez du discours qu'il lui prête le dogmatisme philosophique, supprimez la faute dont il le suppose coupable et l'excuse, vous aurez le prêtre savoyard actuel, croyant, simple, bon, instruit et pauvre.

Nous avons avec nous deux ecclésiastiques, le curé de Coinche, dans les Vosges, botaniste fervent, auquel la présidence d'honneur de la session a été donnée, et un chanoine de la cathédrale de Saint-Jean. Ce sont bien les meilleures âmes. Le chanoine conduit l'herborisation qui doit commencer ce matin à six heures.

Sur les hauteurs de Bonne-Nouvelle, le docteur a trouvé plusieurs plantes rares, entre autres l'*onosma stellulata*. Il a fait part de sa trouvaille à de moins heureux. La confraternité botanique est entière. J'emporte pour mon fils un insecte, *la mante religieuse,* habitante des chaudes latitudes.

Des hauteurs où nous sommes, on embrasse le court vallon où est bâti Saint-Jean sous la forme de croix latine; c'est une pauvre ville, sous-préfecture, évêché. La mairie est d'un aspect misérable. On est en train d'en construire une autre. La bibliothèque publique est au-dessus de la boutique d'un boulanger-marchand de vin-herboriste. La cathédrale est très-ancienne, c'est un échantillon d'architecture romane. Le portail est moderne. Une vieille tour carrée en forme de clocher, reste de l'église primitive, est d'une haute antiquité ; les habitants disent qu'elle remonte au ve siècle. Je serais assez fondé à le croire.

En face de l'église est l'évêché, petit hôtel d'assez bon goût. Saint-Jean est assurément le plus pauvre évêché de France. C'était le plus pauvre de la Savoie, qui en compte quatre.

Il y a une société philharmonique à Saint-Jean. Elle s'est réunie, hier soir, dans l'une des salles de la mairie. On ne fait pas à Saint-Jean de pire musique qu'ailleurs.

Si l'on excepte les hauteurs de Bonne-Nouvelle, admirablement cultivées, l'étroit vallon où la ville est bâtie, les plateaux élevés que j'aperçois de ma fenêtre, et sur les flancs desquels les cultures s'étagent, par champs de courte étendue, ce n'est de droite et de gauche que désolation, nudité, escarpements. Comment peut-on vivre ici l'hiver ! Je grelotte en y pensant. En revanche, on a, l'été, une température méridionale, en dépit des brusques variations particulières aux pays de montagnes.

Les fontaines abondent dans la ville. L'eau, en apparence bonne, engendre, dit-on, le goître et provoque le crétinisme. Il paraît bien prouvé aujourd'hui que la nature de certaines eaux développe le goître dans les contrées montagneuses. En Auvergne, j'ai vu les habitants d'un côté de montagne exempts du goître, tandis que ceux de l'autre pente en étaient presque tous affligés. Les femmes ont plus souvent le goître que les hommes : ces derniers boivent, en effet, de temps à autre, un peu de vin. A Paris, le goître n'existe pas. Les rares goîtreux qu'on y rencontre ont apporté leur infirmité d'ailleurs. En face de la fontaine principale, j'ai relevé une inscription placardée sur la vieille tour carrée (le clocher isolé de la cathédrale); elle est originale. La voici :

ART. 103 DU RÈGLEMENT DE POLICE.

« Défense de laver dans les bassins de la fontaine
« ni autour d'iceux, des herbes, linges, vaisselles,
« tripailles et autres.
« Sous la peine de 3 fr. 60 c. d'amende. »

Les 3 francs 60 centimes jurent un peu avec *iceux;* mais tripailles fait très-bien.

Non loin de là, sur une petite place, on a élevé une statue en bronze à Fodéré, éminent médecin légiste qui a longtemps professé à la Faculté de médecine de

Paris. Fodéré est né à Saint-Jean-de-Maurienne. Ses ouvrages ont été justement célèbres. Ses concitoyens sont fiers de lui. Sa statue mérite des éloges.

Notre hôtelier s'appelle Dermy. Sa femme est une vraie montagnarde à face carrée, vive, pas sotte. L'homme est plus réservé. On sent qu'il a passé par Paris.

Les habitants de Saint-Jean qui échappent au goître sont de belle taille ; la plupart appartiennent à la race allobroge pure.

J'oubliais de dire que les flancs des monticules près de Bonne-Nouvelle sont surmontés, de distance en distance, de petites tours rondes ou carrées, restes de la défense de la ville au moyen âge, bien avant l'invention de l'artillerie.

C'est en Maurienne que la maison de Savoie a pris naissance. Son autorité, par guerre, transaction et habileté, s'est étendue peu à peu sur la Savoie tout entière. Ses princes batailleurs et politiques ont mis du temps à croître. Ils sont devenus comtes de Nice par choix des habitants, ont gagné peu à peu le Piémont, ont échoué dans leurs projets sur la France. Aujourd'hui, Victor-Emmanuel est roi d'Italie et rêve peut-être de la couronne impériale. La maison de Savoie a donné de l'embarras à la France, et lui en donnera encore. Ceux qui, en France, souhaitent l'unité de l'Italie, sont de minces politiques. Il nous faut soutenir le pape autant comme prince italien que comme souverain pontife. La paix de Villafranca est le coup de maître de l'Empereur. Peu de gens y ont compris quelque chose en France. La maison de Savoie l'a bien compris, elle; les Anglais, nos ennemis intimes, ne s'y sont pas non plus trompés. Aussi, la maison de Savoie doit-elle ajourner pour longtemps encore ses espérances.

CHAPITRE VI

Ascension du mont André. — Déjeuner. — Mademoiselle B.....
— Une scène du *Bourgeois-Gentilhomme*. — Ascension du
mont Denys. — Aspect général du pays. — Second déjeuner.
— Visite au maire malade. — Guérison instantanée d'un
sourd. — L'église de Mont-Denys. — Saint Maurice et saint
Victor. — Descente au village de Saint-Julien. — Retour à
Saint-Jean-de-Maurienne.

Hier, à la suite de notre excursion sur les hauteurs de Bonne-Nouvelle, après dîner, le docteur ayant rencontré à l'hôtel de l'Europe M. l'abbé Jacquel, curé de Coinche dans les Vosges, président honoraire de la Société botanique pendant tout le temps que durera la session, il s'est établi entre eux une communauté d'opinion et de bon vouloir. L'abbé Jacquel, auprès duquel se trouvait M. l'abbé d'Humbert, chanoine du chapitre de Saint-Jean, a concerté avec le docteur une grande promenade botanique en remplacement de celle qui, d'après le programme de la session, devait avoir lieu sur Bonne-Nouvelle, explorée par nous dès notre arrivée à Saint-Jean.

Cette dérogation au programme devait être sanctionnée par la Société. Il y a donc eu réunion à l'hôtel de l'Europe, et, presque sans débats, la proposition a été acceptée. Un message a été envoyé à M. le docteur Cosson, président permanent de la Société botanique, et à M. de Schœnefeld, secrétaire général. Tous deux ont consenti, avec une entière bonne grâce, à modifier le plan primitif.

En conséquence, à six heures du matin, le 29 juillet, nous nous mîmes en route au nombre de quarante-deux, chacun dans un costume plus ou moins pittoresque, la plupart le bâton de montagne en main. D'autres, et j'étais de ce nombre, avaient la simple canne parisienne. Henry était magnifiquement accoutré : veste et pantalon de toile fine écrue, ayant en bandoulière la boîte à herborisation et la boîte à insectes du docteur, qui, lui, armé du filet à papillons, s'avançait dans sa majesté tranquille. Henry semblait être un botaniste pur sang, conservant toute l'élégance parisienne. Ma blouse grise, ma petite boîte à herborisation ne trompaient personne. J'étais pour tous un botaniste d'occasion, plus en quête d'impressions que de plantes rares.

Après un coup d'œil jeté sur une porte assez bien

conservée de l'ancien collége de Lamberty, fondé au XVIe siècle par un évêque de Saint-Jean de ce nom, et sur le fronton de laquelle on lit cette dédicace : *Deo optimo maximo et Musis,* association d'idées chrétiennes et mythologiques, cachet de l'époque, nous arrivons sur les bords du torrent qui coule au bas de la ville. Il se nomme l'*Arvan.* On pourrait le surnommer le dévastateur. A le voir rouler avec fracas dans son lit rétréci par la sécheresse, on comprend ce qu'il doit être lorsque, grossi par la fonte des neiges ou un subit orage, il répand et précipite ses eaux furieuses dans l'étroite vallée qui lui sert de limites. Si l'on tombait dans l'Arvan, à cette époque de l'année, où il est relativement tranquille et singulièrement réduit, on serait roulé, brisé sur les pierres en mouvement, qui forment le fond de son lit. En le traversant sur un pont de bois, j'éprouvais un sentiment de vertige ; il me semblait que je vacillais sur ce pont assez solide, et je ressentais l'effet du balancement d'une barque sur les eaux agitées.

Le chanoine d'Humbert, notre conducteur, ne nous a pas longtemps laissés séjourner sur les bords de l'Arvan, pourtant riches en plantes, et où nos compagnons ont fait de précieuses récoltes.

Je dois crayonner le portrait du chanoine d'Humbert.

Figurez-vous un homme de petite taille, en soutane,

tricorne et souliers de ville, sans bâton ni canne, vif, maigre, aux grands traits, ayant soixante ans passés et ne paraissant pas en avoir cinquante. On le dirait faible; il a un jarret d'acier. Il s'élance sur le flanc d'une montagne presque à pic, grimpe comme un chat, de roche en roche, avec une extrême agilité, se retournant, de temps à autre, pour indiquer aux huit botanistes qui osent le suivre, à distance, les points à choisir, ceux à éviter, et reprend son élan avec un calme actif vraiment merveilleux.

Nous suivons au pied de la montagne où, en majorité, nous sommes restés « au bureau des cannes et des parapluies, » toutes les péripéties de l'ascension. L'abbé Ravin, vicaire de l'une des paroisses d'Angers, en costume bourgeois, suit de plus près le chanoine d'Humbert, s'accrochant des pieds, des mains. Nous ne sommes pas sans inquiétude pour les autres. Nous côtoyons, en abandonnant à leur sort nos aventureux compagnons, le pied des montagnes pour aller prendre le sentier qui doit nous conduire, par de longs détours, sur les hauteurs du mont Denys.

Ce sentier n'offre pas de difficultés sérieuses. Il serpente, tantôt rocailleux, tantôt gazonné, dans une gorge où l'on rencontre d'assez beaux échantillons de marbre blanc et de quartz; puis, il aborde les flancs, parfois dénudés, parfois boisés, de la montagne. Nous entendons gronder un torrent qui roule à droite dans un ravin profond de 40 mètres. J'essaie d'approcher du précipice. On me retient par crainte du vertige.

Nous rencontrons des champs cultivés, dont les moissons, suivant l'exposition, sont coupées ou sur pied. La terre est bonne sur ces hauteurs. Nous nous désaltérons avec des pommes vertes tombées et, après trois heures de marche, dirigés par le son d'un cornet d'appel, nous arrivons au village de *Mont-André*, réduits au nombre de trente-six.

Quel village ! quelles maisons bâties sans ordre, les unes adossées à de gros rochers roulés, les autres appuyées sur des parapets naturels formés par l'escarpement de la montagne ! Toutes sont misérables. Quelques enfants nous regardent curieusement passer. Les uns sont assez jolis, d'autres ont le regard hébété et le ventre gros, signe précurseur du crétinisme. Les goîtres ne sont pas nombreux.

Assis sur l'herbe d'un petit plateau de 50 mètres carrés, nous faisons un premier déjeuner. Le docteur prévoyant nous avait fait prendre du pain à Saint-Jean. Il avait un reste de saucisson d'Arles ; j'avais un morceau de saucisson ordinaire emporté de Paris; nos compagnons, moins heureux, ont dû, pour la plupart, se contenter du pain du pays, pain de seigle noir, sans sel. J'en conserve un échantillon.

Il me rappelle le pain du père Amieux, gardien de

l'hospice, ou plutôt de la maison de refuge établie sur le mont Lautaret, dans les Alpes dauphinoises. Comme il n'y a pas de bois sur le Lautaret, et qu'on a beaucoup de peine à s'en procurer, on y fait le pain au plus une fois l'an. Ce pain durcit tellement, qu'il faut le couper avec la hache. La cuisine journalière se cuit, comme dans les plaines de la Mandchourie, avec de la bouse de vache séchée. Ce *bois de vache* donne une flamme bleuâtre, développe peu de chaleur et communique aux mets une saveur *sui generis* assez peu agréable.

Il nous fallait du vin. Ici se place une scène caractéristique. La personne la plus importante du village, mademoiselle B..., sœur ou nièce du curé de la paroisse d'Epierres, pouvait nous donner du vin; mais comment vendre sans licence? Elle craignait les commis et nous regardait les uns après les autres, pour s'assurer si, parmi nous, il n'y avait pas d'employés des contributions indirectes. Si elle eût su que nous en possédions un, en congé de maladie, subitement guéri par la vertu de la botanique, botaniste intrépide, nous aurions dû nous contenter de l'eau des sources.

Enfin, la chose s'est arrangée. Il a été convenu qu'elle ne nous vendrait pas de vin, qu'elle nous en *donnerait*. De notre côté, nous ne le lui paierions pas, nous lui *donnerions en cadeau* un peu d'argent. Imitant donc, sans le savoir, le père de M. Jourdain, fort honnête gentilhomme qui, se connaissant en draps, en faisait provision pour ses amis et leur en donnait contre un don d'argent, mademoiselle B... a apporté deux brocs de vin du pays, des écuelles en terre de toutes dimensions, point de verres, et le festin a commencé. Quel vin aigrelet et peu coloré, couvert d'une *crême* blanche, frais, son principal mérite ! Le vin d'Argenteuil est du nectar en comparaison. Un baquet contenait de l'eau, que l'on y puisait avec une casserole. Heureusement pour ses amis, M. Berce avait une gourde remplie d'excellente eau-de-vie, à laquelle nous avons fait discrètement honneur.

On a bu largement du vin de mademoiselle B..., nos compagnons ont mangé un pain et demi de seigle, soit 7 à 8 kilogrammes, et le cadeau que mademoiselle B... a désiré recevoir s'est élevé à la somme énorme de 3 fr., dépense à partager entre trente-six personnes. Le compte sera difficile à régler par parties égales. Dans nos excursions botaniques, le meilleur calculateur de la compagnie est chargé de faire le prix de toutes choses et de payer ; le soir on règle, et chacun paie sa quote-part.

Ma récolte de plantes à Mont-André se bornait à un exemplaire de la *saponaria ocymoïdes*, donné par le docteur, belle plante rare que j'ai rapportée à Paris.

Du petit plateau où nous venons de déjeuner, nous

avons en vue le brillant spectacle des grandes montagnes. Nous contemplons en face de nous, à une distance de 60 à 80 kilomètres, le glacier de Saint-Sorlin, vaste champ de neiges et de glaces. Sur un plan plus rapproché, d'autres montagnes avec forêts de sapins, prairies et sommets dénudés ; en arrière s'élèvent des monts en forme de pyramides gigantesques, connues sous le nom d'aiguilles d'*Arve*.

Le signal du départ est donné. Il est dix heures. Nous recommençons notre ascension vers le village de Mont-Denys. On herborise, on marche lentement. Préoccupé du pays, je suis en avant avec Henry, qui acquiert un renom de science pour avoir répété le nom, adroitement retenu, de quelques plantes. Nous découvrons un vallon magnifique où l'on est en train de couper des blés vraiment bien venus. Il y a plus de fertilité qu'on ne croit sur ces hauteurs.

Nous laissons à gauche une petite chapelle dont la cloche est absente. Elle est dédiée à saint André. On y dit la messe une fois l'an, le jour de la fête de ce saint. Nous traversons le hameau de *Garny*, qui nous donne le spectacle de la plus affreuse misère. J'entends dire autour de moi par des voyageurs exercés que la pauvreté de la Maurienne défie toute comparaison ; ni dans les grandes Alpes, ni dans les Pyrénées, rien n'en approche. Nous nous désaltérons avec les baies presque mûres du *ribes uva crispa*, type sauvage du groseillier à maquereau.

Garny est construit en schiste ardoisé, couvert en schiste ardoisé. Tout est schiste ardoisé, et ce n'est pas beau. Quelques gouttes de pluie éveillent nos craintes; un rayon de soleil les dissipe.

A droite, sur les flancs d'une très-haute montagne, à mi-côte, nous découvrons trois aiguilles naturelles pouvant avoir de 20 à 25 mètres d'élévation. Elles ressemblent à certains tombeaux du Père-Lachaise. Dans le pays, on en attribue la création à l'effet des eaux accumulant le calcaire et lui donnant la forme en pointe. Comme elles sont isolées, je les suppose construites de main d'homme. Elles surmontaient probablement le tombeau d'un grand chef allobroge et de quelques guerriers de sa suite. On en comptait quatre, l'une s'est éboulée assez récemment.

Enfin, vers une heure, nous atteignons le village de Mont-Denys. Une heure d'arrêt pour redéjeuner. La volonté manque moins que les provisions. On finit par trouver trente-six œufs. Nous ne sommes plus qu'une quinzaine, on peut s'arranger. Toujours prudent, le docteur s'empare de dix-huit œufs qu'il casse, accommode, bat, et dont il fait une omelette appétissante. Pendant que nous l'expédions avec le pain blanc qui nous reste, en l'arrosant d'un vin détestable, bu cette fois dans des verres, un botaniste, se prétendant bon cuisinier, fait une autre omelette qu'il manque. On trouve dans ses flancs une fourchette et une cuillère qu'un mauvais plaisant y a glissées. La faim de nos compagnons s'en accommode, en maugréant un peu.

La paroisse de Mont-Denys est relativement riche, les habitants n'émigrent pas. Chaque paysan a son champ dans la montagne et sa vigne sur le premier plateau. Les délits y sont inconnus. On y ferme rarement sa porte. On cite un seul exemple de vol depuis un demi-siècle. Le coupable l'a expié par l'exil; son nom est dans toutes les mémoires.

On est très-religieux à Mont-Denys, comme dans toute la Maurienne. Les enfants de sept à huit ans savent bien leurs prières et répondent savamment sur le catéchisme. Nos trois prêtres sont satisfaits et distribuent quelques sous à la marmaille enchantée.

La coiffure des femmes est sans originalité. Elle est de toile grise ou de toile imprimée emboîtant la tête, avec fond plat relevant par dessus, bordure de guipures noires ou blanches. Ce n'est ni beau, ni laid.

Sur un banc est assis un crétin de trente ans, il paraît en avoir quinze, impassible, sans pensée; on le respecte, on le choie. Le curé, par sentiment de prudence, n'a pas cru devoir lui laisser faire sa première communion pour qu'il ne pût pas se marier, malgré sa *grande* richesse; car il possède, en effet, 10,000 francs en terres : en Savoie, même depuis l'annexion, le mariage religieux est considéré comme le vrai mariage. Personne ne s'aviserait de s'en passer.

Le bruit se répand qu'un grand médecin de Paris est au milieu de nous. Comme il en coûte de 25 à 30 fr. pour faire monter jusqu'au village l'un des trois médecins de Saint-Jean, je laisse à penser si cette nouvelle fait sensation. On prie le docteur Boisduval d'aller visiter le maire très-malade. Le curé de Mont-Denys, M. l'abbé Ratel, grand vieillard de bonne mine, bonnet de chœur en tête, accompagne le docteur chez le maire. Nous suivons, Henry, M. Jamin et moi, respectueusement ; un autre médecin-botaniste, ancien chirurgien principal des armées, M. le docteur Monard, se joint au docteur Boisduval. Le maire souffre d'une maladie de foie. Nos médecins en désespèrent (1). Un petit garçon et une petite fille, ses enfants, plus que modestement vêtus, s'approchent de nous. La petite fille a les joues roses, rebondies, mais le ventre gros, mauvais signe ! Henry lui donne un sou qu'elle accepte joyeusement.

De retour à notre auberge, nous y trouvons rassemblés les malades de la commune au nombre de sept à huit. C'est à qui obtiendra du docteur un conseil, une

(1) Nous avons appris avec regret, depuis notre retour à Paris, la mort de ce brave homme, mort que redoutait beaucoup le curé.

ordonnance. Le docteur examine ces braves gens et les renvoie satisfaits, sinon guéris.

Notre hôte, Z..., homme de cinquante ans, vigoureux, bien bâti, à barbe grise, considérait cette scène d'un œil attentif. Timidement, il s'approche à son tour et se plaint d'une surdité qui augmente de jour en jour depuis deux ans.

Le docteur, après avoir visité les oreilles du pauvre Z..., prend un air sérieux, méditatif, et secoue la tête comme se trouvant en présence d'un cas grave. Il se fait expliquer la marche de l'affection, réfléchit profondément, et demande si l'on possède dans le village une seringue. On en apporte une, mais de dimension colossale : déposée chez le maire, elle servait de seringue communale pour le traitement des hommes, vaches et mulets. Nous avons peine à réprimer un éclat de rire à la vue de ce monumental instrument.

La seringue est déclarée impropre au service des oreilles de Z... Comme on récolte du vin dans la commune, le docteur commande d'apporter un entonnoir de la moindre dimension, asseoit son patient sur le banc de bois cloué près de la table sur laquelle nous avions redéjeuné, et dit à Z... de s'y appliquer la tête de côté, puis il lui verse de l'eau savonneuse tiède dans l'oreille gauche, et il recommence plusieurs fois.

Pendant les préparatifs de la *cure*, sur un signe du docteur, un botaniste avait confectionné une petite spatule avec sa serpette. Dire tout ce que le docteur tira de l'oreille de Z... serait chose impossible.

La même opération fut pratiquée sur l'oreille droite avec un égal succès. En quinze minutes, tout était fini. Les assistants avaient retenu leur souffle, non sans rire du bout des lèvres.

Enfin, le docteur ordonna à Z... de se lever, et, lui parlant assez bas, lui demanda s'il l'entendait. — Z... fit un bond, battit des mains et fondit en larmes; sa femme et ses deux jeunes enfants embrassaient les mains du docteur, qui conseilla à tous, avec sévérité, l'emploi fréquent de l'entonnoir et de la spatule. Depuis vingt ans, peut-être, Z..., comme ses voisins, ne s'était pas nettoyé les oreilles.

Cette aventure médicale et les consultations données à tout venant me rappellent les scènes qui terminaient nos herborisations à la Grande-Chartreuse. Après deux ou trois jours de courses dans la montagne, le docteur, connu à la Grande-Chartreuse sous le nom de M. le président, parce qu'il présidait alors la Société entomologique de France, consacrait une dernière journée à la réception des malades amenés ou apportés de 15 à 20 kilomètres à la ronde. Les Chartreux ont un hôpital où ils soignent gratuitement trente malades. Ils s'abstiennent de viande et donnent du bouillon gras à ces malheureux, mais ils n'ont pas de médecin. Dans ces dernières années, un jeune intrigant, admis comme novice, a fait à leurs dépens d'assez bonnes études médicales à l'École secondaire de Grenoble, a été reçu officier de santé, et s'est empressé de jeter le froc aux orties pour s'établir à son compte à Saint-Laurent-du-Pont, d'où le mépris public l'a obligé de déguerpir.

Le grand jour arrivé, le docteur s'établissait ordinairement dans la chambre d'Aquitaine, ayant à ses côtés pour aide-de-camp notre ami commun, l'excellent M. Maillard, ancien chef d'institution à Paris, pour secrétaire un botaniste ou un entomologiste quelconque, et tenait ses assises médicales tant qu'il restait des malades.

La séance se terminait par la visite des pères Chartreux en cellule.

Le nom de M. le président est béni dans les montagnes de Chartreuse. Aussi le docteur jouit-il d'un grand privilége. Le révérend père général don Jean-Baptiste lui a donné un habit complet de chartreux en l'engageant à le conserver religieusement. La possession du saint habit ne l'oblige pas d'ailleurs à l'abstinence.

Nous nous disposons, vers cinq heures, à redescendre par le village de Saint-Julien, en suivant un sentier récemment tracé sur les flancs schisteux de la montagne de Mont-Denys. Un jeune homme éveillé, soupçonné d'être un libre penseur et, comme tel, assez mal avec le curé qui l'accuse d'aller boire quelquefois à Saint-Julien et redoute de l'avoir bientôt pour maire si le titulaire actuel succombe, offre de nous servir de guide. Le docteur, espère-t-il, il nous le dit en confidence et par manière de préparation, voudra bien visiter sa sœur malade, maîtresse d'école publique à Saint-Julien.

La descente s'effectue rapidement, non sans peine; le sentier serpente à travers certains précipices auprès desquels le col d'Aliénar, dans les environs de la Grande-Chartreuse, est une route sûre et commode; mais le vertige n'est pas notre compagnon.

Tout n'est que schiste et ardoise. Les éboulis des plus hauts rochers sont venus détruire, sur quelques points, des champs cultivés. Henry nous a tellement dépassés que nous en sommes inquiets. Le guide nous fait arrêter sur un petit plateau de dix mètres carrés, environné de précipices, s'avance, se courbe, examine le sentier, voit les traces des pas d'Henry et nous rassure. C'est une scène de Cooper dans le *Dernier des Mohicans*.

En une heure et demie, nous atteignons le village de Saint-Julien. Pendant que le docteur va visiter la maîtresse d'école, nous entrons dans un cabaret où quelques-uns de nos compagnons buvaient de la bière avec le curé de Coinche. Un botaniste, jeune Parisien habitant le 6e arrondissement, nous offre de partager sa bouteille de vin du crû. Le vin de Saint-Julien est excellent. Henry, altéré, y veut mettre de l'eau. L'hôtesse, grosse mère réjouie, l'apostrophe du nom de *farceur* et lui reproche de gâter une bonne chose. Cette aménité montagnarde a une saveur de terroir et nous fait rire.

Pendant qu'on se repose, je vais réparer des omissions. L'église de Mont-Denys est curieuse par les fresques ambitieuses qui décorent le haut de la porte d'entrée. On voit saint Maurice et saint Victor à cheval, armés de toutes pièces, en costume de chevaliers du XVI° siècle; la Vierge entourée d'anges est au-dessus d'eux et semble les bénir. Saint Maurice et saint Victor ont la croix de Savoie sur la poitrine.

J'ai intéressé le curé en lui disant que j'avais vu le pied de ce dernier saint, relique insigne conservée dans le trésor de Saint-Nicolas-du-Chardonnet à Paris, et léguée à cette église par l'antique abbaye de Saint-Victor, sur l'emplacement de laquelle est actuellement l'Entrepôt des vins. Saint Victor était tribun en garnison à Marseille; soupçonné d'être chrétien, on voulut le forcer à sacrifier aux faux dieux. D'un coup de pied il renversa l'autel. Le pied coupable, au sens païen, fut coupé, séance tenante, et le brave Victor décapité.

La commune de Mont-Denys est relativement riche, ai-je dit. Elle possède de nombreux affouages. Chaque habitant a droit au bois nécessaire pour le chauffage de sa famille; il reçoit l'herbe qui doit nourrir son bétail. En montant pendant deux heures sur les hauts plateaux, on trouve les pâturages de *la Tarentaise*, autre contrée de la Savoie. C'est là qu'on va acheter les bœufs qu'on engraisse et qu'on revend, un an après, avec bénéfice. L'hiver est rude sur le mont Denys. C'est le moment du battage des blés qui dure jusqu'en janvier. On se repose quelques semaines ; ensuite on descend aux ardoisières, jusqu'à ce que la température, devenue plus clémente, permette de s'occuper des travaux de la terre. L'instruction des enfants reçoit son développement durant l'hiver. Le curé rassemble son petit troupeau et lui apprend à lire et surtout le catéchisme.

Il y a une boite aux lettres à Mont-Denys. Le facteur rural court des dangers dans les temps de neiges. L'hiver, son service est souvent suspendu pendant des semaines. Heureusement, la correspondance est peu active dans le village.

Le village de Saint-Julien n'a pas une grande importance. Il n'est pas trop mal bâti. Les maisons annoncent l'aisance des habitants. Les enfants qui jouent devant les portes sont propres, frais et roses. Sur les bancs de la petite place du village nous voyons quatre crétins assis nous souriant bêtement. Saint-Julien est peuplé de vignerons.

De Saint-Julien à Saint-Jean il faut une heure et demie de marche. La pluie tombe assez dru. Une éclarcie nous sollicite à nous mettre en route ; la pluie recommence. Henry et moi demandons l'hospitalité à la première maison. Accueillis avec empressement par Maurice Maginier, qui fait un assez bon commerce d'ardoises, nous sommes forcés par le brave homme d'accepter un petit verre d'eau-de-vie d'Armagnac vraiment bonne, et si honnêtement offerte que nous aurions mauvaise grâce à refuser. Le docteur survient, puis sept à huit botanistes. Tous doivent boire. Le bon Maginier paraît ravi. C'est un soldat de la vieille France, originaire de Valence, égaré dans la Maurienne ; grand, vigoureux, bien découplé, il a des cheveux blancs en brosse et la barbe noire ; bon type de soldat devenu *pékin*. Après de nombreuses poignées de main, nous reprenons notre route et arrivons enfin, à près de sept heures, à l'hôtel de Saint-Georges, où nous attendait un dîner que la fatigue de onze heures de marche nous fait trouver délicieux.

Le chanoine avait conduit une autre bande à la recherche d'une plante rare sur d'autres montagnes, et, par un détour immense, l'avait ramenée à Saint-Julien, clopin-clopant. Quant à lui, toujours le pied leste, il est rentré peu de temps après nous, et, demain matin, sans doute, il n'y paraîtra plus.

CHAPITRE VII

De Saint-Jean-de-Maurienne au mont Cenis. — Saint-Michel. — Modane. — Le mont des Fourneaux. — Le prince Napoléon. — Le fort de l'Esseillon. — Lanslebourg. — Installation sur le mont Cenis.

Nous quittâmes Saint-Jean-de-Maurienne le jeudi 30 juillet, à neuf heures seize minutes du matin. On ne prend pas le chemin de fer ici avec la même facilité qu'à Paris. Le service s'y fait péniblement. Jamais la station de Saint-Jean n'avait eu autant de voyageurs à la fois, autant de bagages à enregistrer. L'unique facteur en perdait la tête.

Après avoir traversé l'Arvan, le convoi côtoie le torrent de l'Arc. Il a plu abondamment une partie de la nuit. Ce matin, le temps s'est rasséréné. Tout nous promet une belle journée. De grands nuages blancs se balancent aux flancs des montagnes,

Nous arrivons à Saint-Michel, village important; nous descendons à l'hôtel de la Poste. Un excellent déjeuner nous y attendait. Nous étions trente-huit convives. Le chanoine d'Humbert, un jeune séminariste, son aide-de-camp, le curé de Coinche et l'abbé Ravin avaient trouvé l'hospitalité chez le curé de Saint-Michel.

La petite ville de Saint-Michel ne compte pas plus de 2,000 habitants. Elle n'a qu'une seule rue assez large, *ornée* d'auberges et de cabarets. On y fait un commerce considérable. Fin de ligne du Victor-Emmanuel pour le moment, elle sert d'entrepôt à toutes les marchandises en transit de France sur l'Italie et d'Italie sur la France. On y prend le courrier pour Turin.

Le climat de Saint-Michel est tout à fait méridional. La montagne de Pas-du-Roc, située à deux kilomètres, offre des plantes des régions chaudes.

Nos bagages sont entassés dans trois diligences, non sans un peu de confusion. Je monte avec le docteur et Henry dans la diligence qui prend la tête. Henry est perché sur l'impériale; je suis dans le coupé avec le docteur et un naturaliste génevois.

Nous continuons à côtoyer le torrent de l'Arc, de plus en plus fougueux. Ce torrent doit être bien terrible l'hiver; son lit est souvent obstrué par d'énormes blocs de rochers détachés des hauteurs; alors il bouillonne, écume et se précipite avec une extrême violence. A droite, à gauche, nous voyons, de temps en temps, de belles cultures, des prairies verdoyantes. De nombreuses cascades descendent du haut des monts en nappes blanches. Nous sommes dans la région des sapins ; les forêts sont entrecoupées de prairies, de champs de blé coupés ou près de l'être. Il n'y a que deux essences de sapins dans cette contrée, l'*abies picea* et l'*abies pectinata;* les mélèzes sont rares.

Nous approchons du village de Modane, en avant duquel nous apercevons de grands bâtiments, d'immenses machines, et une nombreuse population en mouvement. C'est là que s'exécutent les travaux de percement de la montagne des *Fourneaux* et non du mont Cenis, comme on le croit généralement.

Le tunnel qui doit établir la communication directe par chemin de fer entre la France et l'Italie aura 13 à 14 kilomètres : 1,300 mètres sont percés du côté de la France, 1,500 du côté de l'Italie. On pense que ce gigantesque travail pourra s'effectuer en douze années.

Les difficultés sont très-grandes. On ne peut creuser des puits pour aérer le souterrain. C'est par un système de ventilateurs qu'on fait respirer les ouvriers. La ventilation du tunnel, lorsqu'il sera terminé, ne sera pas difficile ; les voyageurs n'auront pas à souffrir de la privation d'air. Le tunnel est construit en pente douce, la pente partant d'Italie. Ce sera comme une interminable cheminée s'aérant d'elle-même.

Nous voyons des drapeaux flotter à l'extrémité de grands mâts. Ils sont aux couleurs françaises et italiennes. La route se couvre d'indigènes endimanchés. Nous rencontrons des dames pourvues de vastes crinolines et les portant avec aplomb, l'ombrelle à la main. Le sang est beau, dans ces contrées; le type italien, combiné avec le type allobroge, donne pour produit la grâce et la force alliées à la finesse.

On attend le prince Napoléon qui vient visiter les travaux. De loin, nos trois diligences sont signalées par des vedettes perchées sur les hauteurs. Une longue acclamation s'élève, les drapeaux s'agitent, on tire le canon : on nous prend pour le prince et sa suite. Les autorités sont à leur poste, les jeunes filles, non vêtues de blanc, un bouquet à la main, se tiennent sur le chemin souriantes. Le docteur est le prince Napoléon : sa large et spirituelle figure, son embonpoint, sa décoration, prêtent à l'illusion. Ma blouse grise fait un triste effet auprès d'un prince : je suis un aide-de-camp en costume de fantaisie. L'erreur se découvre, on est désappointé, on rit de bonne grâce, et nous passons rapidement, avec le regret de ne pouvoir nous arrêter pour jouir des splendeurs de la fête et surtout visiter les travaux. Le tunnel doit être illuminé *a giorno*, comme on dit à Modane.

Je ne repasserai pas par Modane : un de nos compagnons veut bien se charger, au retour, de me communiquer les notes qu'il aura recueillies sur la gigantesque entreprise en cours d'exécution. Il est observateur, instruit; il aime à se rendre compte des choses; ses notes auront de l'intérêt : j'en tirerai parti.

Il était deux heures lorsque nous traversions Modane. La côte est longue et rude; tout le monde descend de voiture, et nous voilà partis fractionnés en groupes, les botanistes herborisant, les entomologistes chassant.

Cette façon d'aller rappelle le bon vieux temps des diligences. On se rend mieux compte du pays qu'en un wagon lancé comme une flèche. Cette contrée est curieuse : les premiers plans des montagnes ont été conquis par la culture, on n'y peut cultiver que le seigle; les terres sont maigres, brûlées; que de travaux pour les débarrasser des pierres roulées qui s'entassent en monceaux de distance en distance ! Partout où un filet d'eau coule, il s'est créé une prairie verdoyante qui paraît plus belle et plus fraîche par le contraste des champs grisâtres qui l'entourent, et au-dessus desquels se détachent des forêts de sapins d'un vert sombre.

Nous contemplons la vallée d'Avrieux, village très-pauvre, où mourut Charles le Chauve, empoisonné, dit l'histoire et probablement à tort, par son médecin, le juif Sédécias. Les historiens de l'antiquité et ceux du moyen âge, quelquefois même les historiens modernes, n'ont jamais pu se décider à croire qu'un grand prince meurt naturellement. Des présages annoncent toujours la mort des monarques : voyez, parmi tant d'autres, Suétone, Tacite, pourtant très-éclairés tous deux. L'empoisonnement, l'assassinat, jouent un grand rôle dans leurs récits. Ils aiment à dramatiser l'histoire. Ecrivant sur des documents incomplets, avec leurs passions et leurs préjugés de classe, ils donnent carrière à leur imagination ou à leur rancune. La mort la plus naturelle leur paraît entourée des circonstances les plus mystérieuses et les plus sinistres. Le pauvre Juif Sédécias, homme fort instruit pour son temps, a été chargé d'un crime qu'il n'a vraisemblablement pas commis.

Bientôt nous apercevons, au-dessous de nous, la gorge d'Aussoix, où le plus brillant spectacle nous attendait. Sur quatre énormes rochers superposés, s'élève le fort de l'Esseillon, autrement dit de Bramans, qui commande la route et les défilés des montagnes. Les fortifications sont imposantes. Elles paraissent imprenables. Depuis l'annexion, on a démantelé le fort n° 2, jugé inutile. Je ne vois pas trop, en effet, ce qu'il ajoutait de force à la place.

Le fort de l'Esseillon a été construit, il y a quarante ans, contre la France. L'ouvrage le plus élevé, fort n° 4, avait pour nom Victor-Emmanuel ; il est à 1,334 mètres d'altitude. Le fort de Mont-Dauphin, près Briançon, est seul, en France, à une semblable élévation.

L'Arc roule et se précipite avec fracas dans une gorge profonde et tourmentée au pied de la montagne sur laquelle est assis le premier fort de l'Esseillon ; un pont-levis s'appuyant sur la route surmonte cette gorge et l'unit au corps de la place. Quel froid il doit y faire l'hiver ! je plains sincèrement la garnison. Quelques soldats, accoudés sur un parapet, nous regardent curieusement passer. C'est une distraction au milieu de leur vie monotone. Nous en voyons d'autres grimper, deux à deux, se tenant par la main, le long des sentiers qui serpentent vers le fort. Presque tous ont un bouquet dans la main libre. Ils ont l'air profondément ennuyés.

Le métier de soldat est tout d'abnégation. Nous ne rendons pas assez justice à ces braves gens qui, sous les drapeaux, sacrifient leur vie à la défense de la patrie ou à sa grandeur. La nostalgie doit faire des ravages au fort de l'Esseillon. L'armée française est presque la seule au monde où l'on connaisse la nostalgie. Notre France est une si douce patrie ! Nos paysans tiennent si profondément à leur village ! On nous accuse de n'être pas colonisateurs : pourquoi notre France est-elle si belle ? pourquoi nos lois sont-elles si humaines, nos gouvernements si paternels ? Le Français à l'étranger pleure en secret. S'il se façonne sans peine aux usages du pays où il est forcé de résider, il rêve le retour. Je n'ai jamais pu lire sans attendrissement la belle ode de Béranger : le *Retour de l'Exilé*. Quel profond sentiment de la nature française dans ce cri du malheureux revoyant enfin la France : « *Dieu qu'un* « *exilé doit souffrir !...* »

Avant l'annexion, la garnison du fort de l'Esseillon était prise dans des compagnies de discipline. Il n'en est plus ainsi, depuis qu'il est devenu possession française. Chez nous, là où le danger est le plus grand, là où les souffrances doivent être le plus vives, on met les meilleures troupes. C'est un poste d'honneur.

Avant d'arriver au fort de l'Esseillon, un tableau magnifique s'est offert à nos yeux. C'est celui d'une cascade que nous voyons rouler sur le flanc de la montagne, tomber en nappe et se diviser en pluie, d'une hauteur de plus de 100 mètres, au-dessus d'une grotte profonde, du sommet de laquelle pendent de nombreuses stalactites. Le paysage est grandiose et sauvage. Un ravin profond reçoit les eaux de la cascade ; de chaque côté du ravin s'étend une oasis de verdure, au milieu de champs moissonnés, d'un gris terne. Les pentes des montagnes sont mi-parties nues, mi-parties boisées. Nous voyons des paysans faisant glisser, de la route, de grands sapins au fond de la gorge.

Cependant, M. le président Cosson, l'intrépide chanoine d'Humbert, M. Jamin et un autre botaniste, en quête de plantes, s'attardent, les voitures arrivent. On attend un peu : tous y montent. Nous filons, en suivant les bords de l'Arc, sur Lanslebourg, et traversons les villages de Verney et de Termignon. Ce dernier est d'un bel aspect. L'église se montre coquettement surmontée d'un clocher avec clochetons. Les femmes commencent à porter le chapeau de paille à l'italienne, bords garnis de rubans, rubans et fleurs autour de la forme.

A mesure qu'on approche de Lanslebourg, les montagnes changent de nature. On ne voit plus de roches schisteuses ou dolomitiques. Ce sont des grès noirâtres, grossiers, faiblement agglutinés. Nous retrouvons, sur les montagnes de droite, de fréquentes cascades. L'eau descend de toutes parts. Nous avons en vue des glaciers : la température se rafraîchit sensiblement.

A cinq heures et demie, nous faisons notre entrée à Lanslebourg; triste village dont la partie neuve à l'extrémité est seule supportable. La population est forte, vigoureuse, et remarquablement belle. Les enfants ont de bonnes grosses joues rosées et les traits bien accusés.

Nous dînons à l'hôtel de l'Europe, tenu par Joseph J....., grand montagnard solidement constitué, à bonne et intelligente figure. Sa femme a le type italien, des yeux noirs magnifiques. C'est un beau couple.

Pendant le dîner, notre excellent président, M. le docteur Cosson, et le digne secrétaire général de la Société botanique, M. de Schœnefeld, s'oubliant eux-mêmes, faisaient tout préparer pour le départ.

La plupart des botanistes, après avoir entassé leurs effets sur la diligence, partent à pied pour le mont Cenis par la *Ramasse*, route plus directe que la route carrossable. Le chanoine d'Humbert, l'abbé Ravin, le curé de Coinche s'étaient passé de dîner et étaient partis sans mot dire : l'expérience leur avait appris qu'il faut se hâter pour avoir les bons logements à l'hospice.

Le chemin de la Ramasse raccourcit l'ascension du mont Cenis de plus des deux tiers ; il tire son nom de l'usage où l'on était, avant l'ouverture de la route carrossable, de faire glisser en traîneau les hommes et les marchandises. Comme, probablement, on tombait souvent à la descente, on devait nécessairement se *ramasser*. Je dois dire que, dans le pays, on appelle *se faire ramasser* se laisser glisser le long de la pente d'une montagne; tandis qu'à Paris, *se faire ramasser*, c'est *se faire mettre au poste*.

On ne peut pas s'égarer sur le chemin de la Ramasse, il suffit de suivre les poteaux télégraphiques. Le chemin rejoint la grande route à 1 kilomètre de la première maison de refuge italienne; elle porte le n° 16 à partir de Lanslebourg.

Nous montons, au nombre de dix-sept, dans l'unique diligence, et nous voilà partis. La nuit nous empêche de distinguer les sites. La route, construite par Napoléon Ier, est un chef-d'œuvre. Toutes précautions sont prises contre les accidents. Des garde-fous sont établis au devant des précipices. De distance en distance on trouve des maisons de refuge, toujours ouvertes, où veille un cantonnier. Les loups en hiver accompagnent souvent les voitures placées sur traîneau : jolis compagnons de voyage ! tout mulet qui s'abattrait serait perdu. J'oubliais de dire que notre voiture est traînée par neuf vigoureux mulets, dont un en flèche. La malle-poste, qui part un instant avant nous, est traînée par onze mulets. Nous avons un char supplémentaire pour le surplus des bagages, traîné par six mulets.

Puisque la nuit nous empêche de discerner les sites qui font de la route du mont Cenis une admirable curiosité, parlons un peu de Lanslebourg.

Nous sommes restés un peu plus de deux heures à Lanslebourg, en latin du moyen âge *Lanciburgus*, en italien *Lanzoborgo*, dont le nom semi-germanique éveille ma curiosité. Quelle en est l'étymologie ? C'est la *Ramasse* qui la donne : du haut du mont Cenis, on était *lancé* sur le bourg.

Lanslebourg a 1,500 âmes; il vit du mont Cenis. Sa décadence sera rapide lorsque le mont des Fourneaux sera traversé par le chemin de fer qui doit unir la France et l'Italie. Modane deviendra alors l'entrepôt du commerce de la France avec la péninsule italique.

Le climat de Lanslebourg est très-froid; il se rapproche beaucoup de celui de Stockholm. Les arbres fruitiers n'y peuvent réussir : le poirier, le cerisier, le pommier n'y mûrissent pas leurs fruits; On y peut difficilement cultiver le froment; en revanche, le seigle et la pomme de terre y viennent assez bien. Les maisons n'y sont pas voûtées comme à Saint-Michel. Pourtant les neiges y sont très-abondantes; ordinairement, les gelées commencent, à Lanslebourg, en septembre pour ne finir que dans les premiers jours de mai. Cette année, si brûlante partout, l'a été aussi relativement à Lanslebourg ; de mémoire d'homme on n'avait pas éprouvé de pareilles chaleurs.

Le 31 juillet, cependant, la température nous a paru très-supportable. Les Lanslebourgeois n'étaient pas de notre avis, ils la trouvaient accablante. Le thermomètre était à 25 degrés centigrades. Notre hôte, qui présidait lui-même au service du dîner, et qui, en homme intelligent, avait discerné bien vite, en l'absence des chefs, les personnages les plus importants de notre bande, s'était placé derrière le docteur et était en conversation réglée avec lui. Nous l'interrogions sur le climat, la valeur des terres, les productions du pays, la condition des habitants. Il répondait à nos questions avec précision et intelligence. M. J. J..... appartient à l'une des plus riches familles de la localité. Son père est maire de la ville. Son hôtel, bien tenu, est d'une certaine importance.

Notre diligence, après trois heures de marche, arrive à la ligne séparative de l'Italie et de la France. Nous la franchirions sans nous en douter, s'il ne nous fallait descendre de voiture pour gagner à pied l'hospice du mont Cenis. Notre conducteur ne veut pas payer au gouvernement italien le droit de barrière de 5 fr. par mulet : ce serait 75 fr. pour nos 15 mulets. Nos bagages seuls, portés sur un char primitif assez semblable à ceux de la haute Auvergne, et qui n'ont pas changé de forme depuis Vercingétorix, continuent leur route traînés par deux mulets. Nous trouvons la première maison de secours italienne; elle porte, ai-je dit, le n° 23 à partir de Lanslebourg; elle a pour inscription : *Regia casa di Ricovero* (maison royale de refuge). Nous examinons cette maison de refuge. Elle a une fenêtre sur chacun des côtés. Une lampe allumée sert de phare aux voyageurs. La porte ne se ferme jamais.

Il nous faut franchir 18 kilomètres à pied pour atteindre la poste du mont Cenis, et plus de 13 kilomètres pour arriver à l'hospice. Mais la température est agréable, la lune brille au ciel, éclaire doucement le paysage, et reflète sa lumière sur des montagnes couvertes de neige. Nous avons bientôt la vue du lac. Nous respirons à pleine poitrine l'air pur et frais, parfumé par les fleurs des prairies. Nous marchons légèrement et ne trouverions pas la route longue, si nous étions rassurés par la certitude d'un bon gîte.

Bientôt nos embarras commencent. L'hospice est plein de voyageurs et ne peut nous recevoir. Nous nous entassons dans les deux auberges existantes. On dédouble les lits, on couche par terre; Henry et moi trouvons un asile dans le cabaret d'un postillon. Guidés par une jeune servante rieuse, fort amusée de voir deux Parisiens en telle déconvenue, nous grimpons, par un escalier en forme d'échelle de meunier, à la chambre qu'on nous a destinée et nous nous étendons sur la paille crue, bien couverts par une grosse houppelande de montagne. Nous dormons, tant bien que mal, quelques heures.

A cinq heures du matin, nous sommes debout. Nous n'avons pas de toilette à faire, puisque nous avons dormi tout habillés.

De notre fenêtre, nous avons la vue du lac du mont Cenis. Le docteur a trouvé, à l'hôtel de la Poste, une paillasse près de M. Verlot, chef des carrés botaniques au Muséum d'histoire naturelle de Paris. Tout s'est donc agencé pour le mieux. En voyage, il faut de la philosophie, c'est-à-dire prendre le temps comme il vient, les hommes pour ce qu'ils valent, et les choses comme elles sont.

CHAPITRE VIII

Promenade et herborisation dans la plaine de la Madeleine au mont Cenis. — Alaria. — L'hospice. — Les glaciers d'Alcore.

Mon cousin Henry n'a pu tenir à une nuit passée sur la paille. Tous ses instincts d'homme élégant se révoltaient à la pensée d'une seconde nuit dans les mêmes conditions.

N'ayant pas pu trouver place dans la diligence, il est parti à pied, ce matin 31 juillet, pour Suze, où il prendra le chemin de fer qui le conduira à Turin. Il nous attendra dans cette ville, s'il n'aime mieux aller nous attendre à Milan. Il avait pour compagnon de route M. Locré, petit-neveu du secrétaire général du conseil d'Etat lors de la rédaction du Code Napoléon. M. Locré est un fervent botaniste mycologiste. Nous avions fait ensemble, il y a deux ans, des excursions dans les environs de la Grande-Chartreuse.

Quoique la paille ne me séduise guère, j'ai eu plus de courage ou moins d'impatience qu'Henry, et n'ai point voulu abandonner le mont Cenis. Ce pays me plaît. J'aime mieux la vue des montagnes, des glaciers, l'air pur qu'on y respire, que l'aspect de villes plus ou moins belles qui ne m'étonneront guère, moi, vieux Parisien.

Je reste ici encore aujourd'hui. Demain dimanche, ou peut-être lundi, le docteur et moi partirons, dès le matin, pour Suze, et nous irons coucher à Turin.

Cette nuit, après le départ de deux voyageurs qui, par parenthèse, ont oublié de payer leur gîte, j'ai eu le luxe d'un lit avec une bonne paillasse, sans matelas, des draps grossiers, mais propres, une bonne couverture, un traversin gros et moelleux comme un tuyau de poêle, et un oreiller large comme la main, en cotonnade à carreaux bleus et rouges. J'ai dormi comme un bienheureux, de dix heures à cinq heures du matin.

Dans ma chambre, j'ai une madone, suivant la mode italienne, reposant sur un petit autel. Elle a la couronne papale en tête, et l'enfant Jésus, qu'elle porte au bras, est aussi papalement couronné; une autre couronne est suspendue au-dessus de la tête de la Vierge, par un lien entouré de papier bariolé. Un vieil éventail vert forme le fond du tableau. Aux deux côtés du groupe sont deux fioles en verre blanc, supportant, chacune, une plume de paon; sur le premier plan brillent deux petits vases de porcelaine dorée, ornés de fleurs artificielles. Des nœuds de rubans rouges, verts et blancs complètent la décoration.

Je possède un grand luxe : un tapis sur ma table et de la bougie dans deux flambeaux.

Le sénateur italien Moris, ancien professeur de botanique et directeur actuel du Jardin des Plantes de Turin, est arrivé avant-hier. Botaniste émérite, il est venu se joindre à nous.

On parle en Italie, comme en Savoie, un langage très-officiel, on y est affamé de distinctions et de titres. Le docteur n'est plus simplement le docteur, c'est monsieur le chevalier. On rend cet hommage à son ruban rouge. Impatienté, le docteur met son ruban dans sa poche et redevient purement et simplement le savant docteur Boisduval.

On organise une grande herborisation. Le chanoine d'Humbert se retrouve. Un ecclésiastique d'Annecy, l'abbé Chevalier, grand gaillard robuste et de bonne mine, doit guider la caravane vers les *Ronches*, aux environs desquelles se trouvent des plantes rares. On doit faire, pour l'aller et le retour, quelque chose comme 45 kilomètres. Je me prive du spectacle des Ronches et, modestement, je me joins à la troupe rangée sous la direction du docteur qui, mieux avisée, ou plus paresseuse, va herboriser ou chasser aux insectes dans les magnifiques prairies qui entourent le grand et le petit lac du mont Cenis.

Il faut seulement deux heures pour faire le tour du grand lac, belle nappe d'eau aux eaux bleues, dont les petites vagues viennent se briser sur les bords avec un agréable bruissement. Le lac produit des truites excellentes ; il appartient à l'hospice, qui vend ses truites 3 francs le kilogramme.

La végétation est d'une extrême richesse dans ces prairies. Nous faisons la plus belle récolte. Ma boîte se remplit trop rapidement. Le docteur est dans la ferveur de l'enthousiasme botanique. Nos compagnons se sont dispersés en groupes, armés soit de la houlette à herborisation, soit du filet à insectes. Les lépidoptéristes font une bonne chasse. Les coléoptéristes sont moins heureux. Un lépidoptériste, M. Berce, ne nous quitte pas; excellent homme à barbe grise, plein d'ardeur. M. le docteur Henon, député de Lyon au Corps législatif, est à la tête d'une autre bande non loin de nous.

Que ne peut le désir d'apprendre! Un modeste cordonnier de Lanslebourg nous avait vus partir pour le mont Cenis. Il nous a suivis, un morceau de pain dans sa poche et, dès le matin, informations prises sur la science de chacun, il a été offrir ses services gratuits au docteur, en le priant de vouloir bien, en retour, lui apprendre le nom et l'utilité des plantes le plus employées en médecine. La proposition d'Alaria, si modestement faite, ne pouvait être refusée. Alaria nous a rendu de grands services comme guide et comme porteur de boîtes. Cet homme est père de onze enfants, dont six vivants. Il n'est pas sans instruction ; né à Locane, province d'Ivrée, il a appris le français, sait le lire et l'écrire, et ne manque point de connaissances en botanique.

Alaria ne possède que l'*Histoire des Plantes* de Mattiole, édition de 1766. Ce livre est tout son trésor et ne le quitte jamais. Mattiole est un auteur estimé, qui enseignait la botanique à l'école de médecine de Montpellier vers 1740. Alaria peut rendre des services aux botanistes par la parfaite connaissance qu'il a des lieux et de la plupart des plantes du plateau de la Madeleine. Ceux qui ne pourraient venir au mont Cenis, trouveraient en lui un chercheur exercé. Les entomologistes pourraient aussi s'adresser utilement à lui.

Le docteur lui a fait connaître les plantes médicinales et les bonnes espèces de coléoptères. Je ne doute pas qu'Alaria n'ait retenu cette leçon de deux jours. A la Grande-Chartreuse, nous avions, en juillet-août 1861, pour guide et porteur de boîtes, un intelligent garçon, nommé Urbain, qui, stylé par le docteur à la recherche des coléoptères et des lépidoptères, a pu gagner assez d'argent pour se racheter de la conscription.

Le grand lac se déverse dans le petit lac qui, lui-même, par un torrent, la Cenise, va grossir les eaux de la Doire, affluent du Pô.

Les nuits sont froides au mont Cenis. Ce matin, il avait gelé blanc dans les prairies basses.

Le soleil s'est levé brillant, le ciel est bleu, quelques nuages attardés se balancent çà et là sur les flancs des hautes cimes ; les glaciers d'Alcore sont éblouissants sous les rayons du soleil : ils fournissent la glace consommée à Turin ; on l'y va chercher en traîneaux.

Après avoir exploré, jusque vers deux heures, les prairies et les premières hauteurs dans les environs du lac, nous nous dirigeons vers l'hospice, vaste construction qui comprend l'hospice proprement dit, une chapelle et des casernes. L'hospice forme un carré long ; il est défendu par un puissant mur avec double rangée de meurtrières. Un fossé règne en avant du mur. Napoléon Ier, deuxième fondateur de l'hospice, a voulu refaire l'œuvre de Louis le Débonnaire. Avant la restauration de l'hospice, les troupes venant de Suze devaient franchir en une marche l'espace qui sépare cette ville de Lanslebourg. Il ne faut guère moins de quatorze heures à une troupe armée pour effectuer cette étape. L'hospice était destiné à servir de lieu de repos. Comme nous devons le visiter bientôt, et que je me propose d'en écrire l'histoire, je n'en dis pas davantage en ce moment.

Tout est bien changé depuis Napoléon le Grand : ce ne sont plus des moines qui desservent l'hospice, mais un prieur et un sous-prieur. L'hospitalité y est pauvrement exercée, faute de ressources suffisantes. Le prieur ferme sa porte à la nuit close et laisse les voyageurs recourir aux soins des trois aubergistes établis à 3 kilomètres de là. Quinze à seize botanistes y ont pourtant pris gîte et s'y trouvent passablement. Le service est assez gracieux.

Nous avons déjeuné, le docteur, M. Berce, le guide et moi, à la cantine de la caserne, où il n'y a pas de troupe en ce moment. Les pièces sont voûtées ; elles offrent plus de résistance aux neiges. Dans les Alpes, il en est ainsi pour toutes les maisons : c'est devenu une mode ; là même où les neiges ne sont point menaçantes, où les avalanches sont inconnues, les maisons sont voûtées. J'avais déjà remarqué cela à Saint-Michel. Les cheminées sont construites d'une façon particulière : elles n'ont point leur ouverture par le haut, mais sur le côté, et sont surmontées d'une assez large table qui déborde, préservatif contre la neige.

Vers quatre heures, rafraîchis, reposés, nous nous mettons en route vers les montagnes au-dessus de l'hospice ; nous avons la prétention d'atteindre les glaciers d'Alcore, ou tout au moins les premiers plans des glaciers. Les difficultés d'ascension ne sont pas grandes. Nous montons par de belles prairies où paissent des troupeaux de vaches.

Ces montagnes appartiennent à la commune de Lanslebourg. Chaque chef de famille a droit au pâturage de douze vaches. Nous rencontrons des ruisselets, de petits torrents; un plus grand torrent descend directement de l'Alcore et roule avec fracas au fond d'une gorge profonde et tourmentée. Nous montons, nous montons, herborisant, chassant aux insectes. Les hauteurs succèdent aux hauteurs, nous croyons toucher aux glaciers, une hauteur nouvelle se démasque.

Il serait imprudent de s'attarder jusqu'à la nuit dans ces montagnes : nous renonçons à l'entreprise et nous mettons à redescendre. La descente est un peu plus pénible que la montée, pas plus dangereuse pourtant. A mesure que nous approchons des moindres hauteurs, nous entrons dans des prairies magnifiques à grandes herbes parsemées de fleurs ravissantes; on dirait un bouquet immense; le blanc, le bleu, le rouge, le violet, le jaune s'entremêlent et se font contraste. De vigoureux ouvriers sont en train de faucher. Au point de vue artistique, on s'indigne de voir couper tous ces trésors. Eux ne songent qu'au bon foin qu'ils sont en train de faire.

A la nuit tombante, nous rentrons au logis. Nous avons fait de 35 à 40 kilomètres, et nous ne sommes pas absolument fatigués. Le docteur, plus sobre, va se coucher; je vais souper et je gagne mon lit après m'être avancé sur la route jusqu'à l'hospice. C'est une petite promenade de 6 kilomètres. Mais quel bon sommeil ensuite! ma paillasse m'a semblé douce et moelleuse.

La masse des botanistes se réunissait, le soir, dans la salle à manger de l'hôtel de la Poste, où un abondant souper était préparé. Là, point de plats ambitieux, des mets solides; on avait affaire à des estomacs robustes, à des dents aiguisées par l'air vif des montagnes. D'intéressantes causeries succédaient à un silence prolongé, interrompu seulement par le cliquetis des assiettes et des fourchettes. On dissertait de plantes, d'insectes. De vrais amis, séparés habituellement par quelques centaines de kilomètres, se retrouvaient côte à côte; des botanistes qui ne se connaissaient que par un échange de lettres, entraient en rapports personnels d'amitié. Quelques sentiments d'aigreur et de jalousie perçaient-ils quelque part? car, hélas! la nature humaine a ses faiblesses! je n'en ai pas surpris. Je reste donc sous l'impression des plus purs souvenirs de confraternité, de concorde et de respect mutuel. Les savants, dit-on, se querellent, se jalousent : c'est calomnie pure. Nous en avions beaucoup parmi nous; je ne pense pas qu'ils aient pris un masque.

La France, toujours trop généreuse, a fait la partie

belle à l'Italie dans la délimitation des frontières. L'hospice du mont Cenis avec ses dépendances a été laissé à Victor-Emmanuel; de sorte que la commune française de Lanslebourg a une partie de son territoire en Italie. Ne saurons-nous donc jamais tenir à nos intérêts? Je regrette l'hospice. M. le prieur et M. le sous-prieur eussent été remplacés sans doute si nous en fussions redevenus maîtres, on eût reconstitué un véritable hospice, et l'hospitalité y eût été largement exercée.

Bons moines du mont Cenis établis par Lothaire, bons bénédictins de Napoléon 1er, que dites-vous de l'hospice actuel et de sa parcimonieuse hospitalité?

Nous avons vu, pendant que nous déjeunions, deux capucins de Suze, à barbe noire et paraissant fort bien nourris, en train de faner le foin de l'hospice. Ils étaient venus demander l'aumône, c'est-à-dire faire la cueillette, suivant l'expression locale.

CHAPITRE IX

Deuxième promenade dans la plaine de la Madeleine. — L'Osteria. — Victorin. — Fraternité botanique. — Visite de l'hospice. — Le prieur et le chanoine d'Humbert. — Le grand personnage sans s'en douter.

Mon hôtel est un cabaret de la plus mince apparence. Il est tenu par un jeune ménage. Le mari, Célestin Gravier, est postillon attaché à la poste royale du mont Cenis. Sa femme est une assez jolie personne, douce et prévenante. Ils ont un gentil petit garçon de dix-sept mois, nommé Victorin, dont les bonnes grosses joues roses ont besoin d'être lavées vingt fois par jour. Mais quels grands yeux bleus brillants! Mons Victorin est farouche et fier. Chose rare en ce pays-ci, où tout le monde mendie, il a repoussé une pièce de 10 centimes que je lui donnais pour acheter un gâteau à l'épicerie de l'hospice. Lorsque je la lui ai placée dans la main, il l'a regardée curieusement, puis il a fait le geste de me la rendre en disant : *tiene, tiene.* Je riais. L'enfant s'est laissé glisser des genoux de sa mère attentive, et, cahin, caha, m'a poursuivi pour me faire reprendre les 10 centimes. Il avait l'air courroucé. Je n'ai pas voulu le rendre malheureux. J'ai repris la pièce et l'ai remise à sa mère, joyeuse des succès de son fils. —Va, pauvre Victorin, conserve cette noble fierté, et je te prédis une vie triste, agitée, l'estime de toi-même, peut-être celle des autres !

Mon hôtel est si pauvre que madame Gravier m'avouait ce matin, sans fausse honte, n'être pas en état d'acheter un matelas pour la chambre d'honneur que j'occupe. J'ai une royale paillasse, il est vrai. On dort très-bien sur la paille de maïs ; cela fait un petit bruit sec qui n'est pas sans agrément.

Au dire d'Alaria, la pauvreté du ménage Gravier serait une pauvreté d'argent, non de mal être. Les époux Gravier possèdent une douzaine de vaches dans la montagne ; le mari gagne un assez fort salaire. Comme il a une mine avenante, les riches voyageurs lui donnent de bons pourboires ; l'auberge n'est pas d'un mauvais rapport. Mais il faut tant de bois pour se préserver du froid dans les longs et terribles hivers du mont Cenis, et le bois est si rare à cette altitude!

Le docteur est logé à l'hôtel de la Poste. Six personnes occupent la même chambre, trois couchées par terre sur un véritable matelas. J'aime mieux ma paillasse que cette promiscuité. J'ai vu cette chambre encombrée de plantes cueillies la veille, et de papier à herborisation. Il régnait un certain ordre au milieu du désordre. Le Jardin des Plantes de Paris a député ici M. Verlot, dont j'ai déjà parlé; il rapportera des richesses végétales. Rien ne l'arrête, aucune course ne l'effraie. Il grimpe aux plus hauts sommets pour récolter des plantes rares. Le Muséum d'histoire naturelle est consciencieusement représenté.

L'unique échantillon de végétation horticole qu'il y ait au mont Cenis, est un petit carré de choux dans un jardinet abrité par un mur assez bas en face de l'hôtel de la Poste, de l'autre côté de la grande route. La terre, abondamment fumée, se réchauffe et garde sa chaleur jusqu'après les premières gelées. Le carré de choux est cultivé avec amour, comme une curiosité. Malgré cela, ces pauvres plantes se sentent mal à l'aise sous le climat du mont Cenis ; elles ont un air souffreteux et développent de maigres feuilles. Elles m'ont rappelé les choux que le pasteur de je ne sais quelle station danoise au Groënland montrait, avec orgueil, au capitaine Pary. Ce courageux navigateur a spirituellement décrit cette scène dans la relation de son hivernage en cette inhospitalière contrée.

La fraternité la plus entière continue à régner entre

les botanistes et les entomologistes ici rassemblés au nombre de plus de quatre-vingts, sans compter les savants français et italiens qui sont venus s'adjoindre à eux. Je ne parle pas des touristes dont, depuis le départ d'Henry, je suis, pour le moment, le seul exemplaire. Toutes les opinions politiques, religieuses, scientifiques et littéraires ont leurs représentants. On ne parle ni politique, ni religion, ni littérature ; on s'occupe uniquement de plantes et d'insectes.

Les plantes et les insectes ne sont d'aucun parti. D'innocentes plantes ont, cependant, servi d'emblème à de puissantes monarchies, à de sanglantes factions. On a choisi comme drapeau de guerres civiles les plus doux présents de la nature ! La France a eu pour symbole, pendant des siècles, le lis immaculé. En Angleterre, le sang a coulé à flots pour la rose blanche ou la rose rouge. L'humble violette, à la fin de 1814, devint un signe de ralliement. Faut-il parler du houx et du chardon d'Ecosse? Dans l'antiquité, le drapeau des premiers Romains était une botte de foin au bout d'une perche ; plus tard, les triomphateurs, les empereurs ceignirent leur tête d'une couronne de laurier. Chez les Grecs, les convives se couronnaient de roses. En Allemagne, le soldat, après une victoire, attache à son schako ou à son casque une branchette de chêne. Dans la France actuelle, le manteau impérial est semé d'abeilles, symbole du travail. Malheureusement, les frelons ont toujours fait rude guerre aux abeilles.

Le docteur, M. Berce et moi, partons à neuf heures avec Alaria, notre guide. Nous recommençons le tour du lac par le côté droit. Pas un nuage; le soleil est magnifique et chaud, les eaux du lac sont tranquilles, leur belle couleur bleue reflète l'azur du ciel. Le docteur comble de joie Alaria en lui promettant un bon traité de botanique. Quoique très-affectionné à Mattiole, son *vade-mecum* depuis plusieurs années, Alaria remercie avec effusion le docteur et lui demande la permission de lui adresser, de temps à autre, des plantes comme preuve de ses progrès. L'ambition d'Alaria est de connaitre assez bien les plantes médicinales pour en faire un petit commerce. Il aime la montagne. Son métier de cordonnier lui répugne. Je l'aide à cueillir des fleurs d'*arnica*.

Il y a quelque chose de touchant dans la persévérance qu'a mise Alaria pour se procurer les deux volumes de Mattiole, d'ailleurs presque introuvables. Pendant plusieurs années, il a fureté partout, consultant les botanistes de passage. Il apprend qu'un Mattiole se trouve à Chambéry, entre les mains d'un vieil herboriste retiré; vite il prend son bâton, charge ses épaules d'un bissac rempli de pain et d'autres provisions de bouche, et le voilà parti à pied.

Sa bourse était peu garnie. Comment a-t-il pu effectuer 252 kilomètres, aller et retour? Il ne s'en rend pas bien compte lui-même, couchant dans les granges, sur la paille, offrant ses services en retour d'un morceau de pain. Il avait un certificat du maire de Lanslebourg attestant sa moralité. Enfin, il est à Chambéry chez l'ancien herboriste. Quelles précautions pour aborder le sujet de sa visite! que de détours, de circonlocutions, de causeries sur le mont Cenis et les plantes qu'on y récolte! On ne se trouva pas toujours d'accord : c'est ce que voulait Alaria. Une discussion sur une plante amena l'exhibition de l'ouvrage de Mattiole, qui donna raison à l'herboriste. Alaria feignit d'avoir peu d'estime pour Mattiole. L'herboriste défendit cet auteur. Pour en finir, Alaria amena insensiblement son interlocuteur à l'idée de se défaire des deux volumes; mais à quel prix? à raison de 37 francs. Il ne restait plus que 36 francs dans la bourse d'Alaria, fruit de ses longues économies. Cette somme énorme passa dans les mains de l'herboriste; Alaria eut enfin Mattiole et, sans plus tarder, repartit pour Lanslebourg.

Nous avons feuilleté les deux vénérables volumes, ornés de planches représentant des plantes presque aussi bien dessinées que les figures de l'histoire des quatre fils Aymon qui circule, depuis des siècles, dans nos campagnes du centre de la France, et de la lecture duquel nos paysans ne se lasseront jamais.

De ce côté du lac, la végétation est plus luxuriante. Les prairies ont toutes leurs richesses ; dans quelques jours, la faux les en dépouillera. Le docteur herborise et chasse aux insectes. M. Berce fait d'heureuses trouvailles. Tout le monde est satisfait. Je remplis ma boîte à herborisation de belles plantes fleuries qui commenceront l'herbier de mon fils. Elles me sont indiquées par le docteur; je n'ai donc rien de médiocre et qui se trouve dans les environs de Paris, ce sont toutes plantes alpines.

Je prends aussi des plantes vivantes dont je veux essayer la culture.

La nature des plantes change suivant l'élévation du terrain, son exposition, sa fraîcheur plus ou moins grande. Les ruisselets sont nombreux. Quelles ravissantes fleurs ! Nos massifs des Champs-Elysées feraient triste figure à côté des massifs naturels dont est parsemée la montagne.

Après avoir marché pendant deux heures, séparés du docteur par un pli de terrain, nous nous retrouvons et nous mettons en route pour gagner, par l'extrémité du lac, la cantine de l'hospice.

Des botanistes n'arpentent pas le terrain comme des voyageurs pressés. Une plante à cueillir, un insecte à prendre, une montagne, un effet de nuage à contempler sur les glaciers, nous retardent.

Nous nous arrêtons devant une pauvre croix de

6

bois portant ces mots : « Un *Pater* et un *Ave* pour *Marie Alizard; le juin* 28 1848. » L'infortunée Marie Alizard, son mari Suffet et leurs quatre filles, venaient de Lanslebourg, occuper un chalet d'été construit sur une montagne qui leur appartenait. La charrette qui renfermait la famille fut fatalement renversée, et la malheureuse mère tuée raide. Suffet resta seul avec ses quatre filles encore enfants. Il n'était pas absolument pauvre, sa fortune pouvait être évaluée à une dizaine de mille francs, somme considérable dans ces montagnes; il éleva courageusement sa famille. Une attaque d'apoplexie l'enleva l'an dernier. Il avait perdu sa plus jeune fille quelques années auparavant, les trois autres ont émigré aux Etats-Unis.

L'émigration transatlantique est fréquente ici. Lanslebourg a fourni soixante émigrants en 1862; cette année, trente les ont imités. Les trois jeunes Suffet ont vendu leur montagne, leur maison à Lanslebourg, et ont réalisé 6,000 francs. C'est avec cela qu'elles ont affronté les dangers d'une terre inconnue : en véritables filles des montagnes, de cette forte race allobroge dont rien ne lasse le courage et la patience, elles se seront tirées d'affaire, je n'en doute pas.

A deux heures, nous entrons à la cantine de l'hospice; pourvus d'un appétit dévorant, nous savourons avec délices une truite du grand lac. Nous avons du café et du génépi !

Un ingénieur italien, chargé de cadastrer une partie du mont Cenis, fait sa correspondance auprès de nous. Il ne sait pas le français ; nous sommes tout étonnés de comprendre à peu près ce qu'il dit en italien. Il nous prête des journaux de Turin : l'*Opinione nationale* et le *Fischietto*, charivari turinois, dont les saillies et les dessins ne sont pas sans esprit. Nous rions beaucoup de la caricature sur les cinq brigands de *l'Aunis* et leurs capteurs, dont l'aventure nous est encore inconnue. L'ingénieur a bien voulu nous laisser ses journaux qui nous ont donné des nouvelles de France. Depuis cinq jours, nous ne savions rien des affaires publiques.

Nous n'avons pas eu de bonheur. Un orage s'annonçait par quelques coups de tonnerre répercutés d'écho en écho. De notre asile nous espérions jouir du grand spectacle d'un ouragan dans les montagnes ; déjà les nuages s'amoncelaient aux flancs des glaciers. L'espérance s'est évanouie sous un rayon de soleil.

Nos compagnons qui étaient aux Ronches ont, eux, trop joui de cet agrément. Ils sont revenus trempés jusqu'aux os.

Le docteur a eu la bonté de préparer lui-même mes plantes. Elles arriveront donc dans le meilleur état.

Vers quatre heures, nous avons été visiter l'hospice, en commençant par la chapelle. Comme dans les églises d'Italie, on n'y trouve pas une chaise. Cinq bancs sont réservés pour les visiteurs de renom. Nous avons remarqué deux candelabres en bois sculpté. M. Berce, ancien artiste graveur héraldique, nous fait admirer la richesse et l'élégance du travail. On ne voit rien de plus beau à Paris. Ils ont été donnés à l'hospice par l'empereur Napoléon Ier.

Nous demandons à parcourir l'hospice. Le docteur me laisse avec le prieur, prêtre encore jeune, qui me conduit avec une sorte de respect dans le salon du monastère. J'obtiens de lui peu de détails intéressants. Il connaît imparfaitement l'histoire de la montagne et assez peu celle de la maison qu'il gouverne. L'hospice possède une série de gravures bien faites, mais de fantaisie, représentant les princes de la maison de Savoie depuis Beroldo Ier, comte de Maurienne, en 1017. De longues légendes en latin sont au bas de chaque gravure. Je voudrais bien avoir le temps de les transcrire, mais nous quittons demain matin la montagne.

Le prieur me prend évidemment pour un important personnage. Le chanoine d'Humbert et l'abbé Ravin qui couchent à l'hospice, viennent se joindre à nous. Ces deux bons prêtres paraissent partager l'illusion du prieur. J'ai soupçonné une malice du docteur. Le lendemain, j'ai su que le coupable était Alaria qui, ayant entendu la lecture de ma lettre d'hier, qu'il supposait adressée à un très-haut personnage, et l'ayant portée à la boîte de l'hospice, avait parlé de moi comme d'un homme très-puissant. Toujours est-il que le prieur m'a supplié de vouloir bien recommander les intérêts de l'hospice à l'empereur Napoléon, la première fois que je le verrais. Le chanoine m'a parlé des difficultés qu'il éprouve à faire régler sa pension comme ancien professeur de philosophie au collége de Saint-Jean, où il a enseigné pendant trente ans. Il m'a aussi prié de rappeler ses pétitions à M. Duruy, ministre de l'instruction publique. J'ai eu beau dire et redire que l'empereur Napoléon ignorait même mon existence, que si j'avais eu l'honneur de recevoir dans mon cabinet M. Duruy, alors qu'il ne songeait guère à être ministre, ce n'était pas une raison pour que Son Excellence fît grand état de mes recommandations; rien n'y a fait, j'ai été reconduit en cérémonie jusqu'à la porte de l'hospice, j'ai reçu des poignées de main et des adieux pleins d'effusion et de reconnaissance pour des services que je ne pourrai malheureusement pas rendre.

Je ne suis point du tout content du personnage que j'ai fait là, bien involontairement.

Voilà des aventures! Le docteur Boisduval est pris à Modane pour le prince Napoléon. On me suppose ici dans la familiarité de l'Empereur, pair et compagnon avec des ministres. En vérité, il faut venir au mont Cenis pour avoir de telles aventures !

On n'est pas satisfait, en Savoie, de la délimitation des frontières. On se regarde comme amoindri par la cession de l'hospice du mont Cenis à l'Italie. Avoir abandonné à Victor-Emmanuel cet hospice fondé par Louis le Débonnaire, reconstruit par Napoléon Ier, semble aux Savoyards une faute capitale. La Savoie finit, disent-ils, à Grande-Croix, hameau à 3 kilomètres de l'hospice ; jusque-là tout le monde parle français, personne ne se croit italien.

Le prieur et le chanoine d'Humbert m'ont surtout recommandé de faire bien comprendre à Napoléon III qu'il sera béni des vrais Savoyards, le jour où il rendra à la France le mont Cenis jusqu'à Grande-Croix. Je ne puis former que le vœu de voir une rectification de frontière restituer aux bons Savoyards, c'est-à-dire à la France, cette montagne si riche en grands souvenirs, et où tant de conquérants et d'empereurs ont laissé l'empreinte de leurs pas. Charlemagne, son père Pépin le Bref, avant eux Constantin allant mettre le christianisme sur le trône, Alaric avec ses Goths, ont pénétré en Italie par le mont Cenis, à la tête de leurs armées. Le premier empereur chrétien, le premier empereur français, plaident la cause du mont Cenis au tribunal du successeur de Napoléon Ier, deuxième fondateur de l'hospice et restaurateur du culte en France.

CHAPITRE X

LE MONT CENIS

Paysage. — Histoire de l'hospice. — Les Ronches. — Le lac blanc. — Le lac noir. — Le roi Kotth. — La première route du mont Cenis. — Projets de Napoléon sur le mont Cenis.

On s'est évertué sur l'étymologie du mont Cenis, en latin *mons Cenisius*, en italien *monte Cenisio*. Suivant l'usage des siècles passés, on a cherché dans son nom même la cause de son nom. Comme Cenis a quelque ressemblance avec *cinis*, cendre, on en a conclu qu'il signifiait mont des Cendres, *mons Cinereus*. On a présumé que, puisqu'il reste encore, dit-on, un bouquet de bouleaux sur le point le plus abrité du plateau, la plaine de la Madeleine devait avoir été, à une époque fort reculée, couverte d'une forêt de bouleaux, détruite par un incendie.

Cette explication semble parfaitement absurde. Si une forêt eût pu exister sur le plateau du mont Cenis, elle se fût renouvelée après sa destruction par le feu, les conditions de fertilité du sol, d'exposition, d'altitude, de température restant les mêmes.

Les voyageurs des siècles derniers et les voyageurs contemporains ont-ils trouvé un certain nombre de bouleaux rabougris, restes présumés de l'antique forêt? Quant à nous, qui avons parcouru la plaine de la Madeleine dans tous les sens, nous n'avons pas trouvé trace de végétation forestière. Les seuls arbustes que nous ayons vus sur un point abrité par un pli de terrain, sont l'*alnus viridis*, et deux saules, le *salix hastata* et le *salix glauca*, enfin le *rhododendrum ferrugineum*, bien moins abondant que sur la montagne d'Aliénar, à quelques kilomètres de la Grande-Chartreuse.

Le mont Cenis ne signifie point le mont des Cendres ; Il n'a point une origine volcanique ; il appartient à cette grande chaîne des Alpes, née d'un cataclysme par un soulèvement spontané, lorsque le globe terrestre a subi l'une de ses nombreuses dépolarisations.

Bouchporn, dans son livre si curieux, quoique purement hypothétique, croit que la terre a subi quatorze de ces révolutions qui, bouleversant les continents et les mers, après avoir autant de fois changé la situation de ses pôles, l'ont laissée enfin dans la forme où nous la voyons. Il explique son hypothèse par la direction des diverses grandes chaînes de montagnes, épine dorsale du globe terrestre.

Je ne suis point géologue ; fort ignorant en ces hautes matières, je laisse Bouchporn s'arranger avec les savants, qui, d'ailleurs, se sont, je crois, beaucoup moqués de ses quatorze dépolarisations.

Le plateau de la Madeleine, c'est-à-dire la plaine du mont Cenis, a une étendue d'environ sept kilomètres et demi de longueur sur environ deux kilomètres de largeur.

Encadré par de hautes montagnes toujours couvertes de neiges ou de glaciers, il jouit d'une température relativement plus douce que son altitude ne le comporte. Lorsque le vent souffle d'Italie, il y pleut ou il y neige, suivant la saison. Ce vent est connu au mont Cenis sous le nom de *lombard*. Le vent vient-il du côté de Savoie, le temps est généralement clair, beau et froid.

La plaine est à 152 mètres au-dessous du point le plus élevé du col en montant de Lanslebourg.

Du 15 juin au 15 août seulement, on peut avoir des chances de trouver le beau temps sur le plateau du mont Cenis. Dans la journée, sous l'influence du soleil, la température y est extrêmement agréable, quoiqu'il gèle blanc le matin, après une nuit sans nuages.

Le reste de l'année, le plateau est enseveli sous un épais manteau de neige. C'est pourquoi la végétation y est si magnifique. Des plantes qui mourraient de froid sous le climat de Paris, y vivent et y prospèrent. Rien n'égale la rapidité de la croissance de ces plantes, lorsque, sous l'action des rayons solaires, la neige s'est fondue. La terre, en peu de jours, se couvre de la plus brillante végétation; elle semble un bouquet de fleurs. La soldanelle des Alpes n'attend même pas la fonte totale de la neige pour épanouir ses corolles élégamment fimbriées et d'un bleu violet. Je ne pouvais me lasser, comme mes savants compagnons, de contempler ce riant tableau. Plus porté, par mon peu de connaissances en botanique, à l'admiration naïve de ces belles choses, je sentais mon cœur bondir et l'enthousiasme m'envahir tout entier.

Nous sommes, au mont Cenis, en pleine Laponie. C'est la même température, presque la même rapidité de croissance des plantes.

Le poète Regnard, dont le voyage en Laponie n'a point vieilli, n'en pouvait croire ses yeux; il voyait littéralement l'herbe pousser. Le littérateur Ampère, dont on déplore la perte récente, le peintre Biard, ont constaté le même phénomène. La Laponie, il est vrai, n'a point de nuit dans la saison estivale, et ses cinquante-quatre jours d'été valent plus de trois de nos mois. Le plateau du mont Cenis n'a pas ce privilége.

Les nuits y sont aussi longues que dans les riches plaines de la Lombardie.

Si l'isothermie de la plaine de la Madeleine est à peu près la même que celle du Finmarck, les plantes de l'une et l'autre contrée n'ont point de similitude absolue. On rencontre au mont Cenis des plantes végétant fort bien en Laponie ; des espèces y croissent, inconnues en Finmarck, et réciproquement.

J'ai parlé du beau lac qui s'étend à l'extrémité sud-est de la vallée. Son élévation est de 1,913 mètres au-dessus du niveau de la mer. Il se divise en deux parties : la plus grande, que la route côtoie presque en venant de France, contient une île ravissante. Sa flotte se compose d'un élégant petit bateau qu'on peut manœuvrer à la voile. Rien n'égale la pureté de ses belles eaux bleues ; de l'excellence de ses truites saumonées j'ai déjà dit un mot. Sans être sensuel, j'ai eu un fier régal, la cuisson de la truite ayant été surveillée par le docteur, dont l'habileté culinaire est sans rivale.

Du petit lac sort le ruisseau de la Cénise.

La France finit au hameau des *Tavernettes* (petites tavernes : en effet, toutes les maisons sont des cabarets), à trois kilomètres de l'hospice. Quel malheur ! j'aurais voulu voir la France s'étendre et englober la belle vallée du mont Cenis jusqu'à Grande-Croix.

On compte quelques maisons seulement aux Tavernettes, le relais de poste y est établi. On y paie les droits de 5 fr. par cheval ou mulet.

Les poteaux qui soutiennent les fils électriques, tout le long de la route, ont remplacé les croix plantées autrefois, de distance en distance, pour servir de guide aux voyageurs. Dans ces religieuses contrées, la forme de croix donnée aux poteaux indicateurs les faisait respecter. Autrement, les voyageurs, à moitié gelés, les eussent infailliblement brûlés pour se réchauffer. La science a le même privilége que la religion, elle impose le respect; nul ne s'aviserait de toucher aux poteaux télégraphiques, y allât-il de la vie.

L'hospice du mont Cenis doit sa véritable renaissance au grand Napoléon. Qu'était la misérable bicoque construite sous Louis le Débonnaire et entretenue, tant bien que mal, par les princes de Savoie et de Piémont, auprès de cette splendide et vaste construction élevée par le conquérant législateur?

La décadence accélérée de l'hospice date de la chute de l'Empereur. Ses revenus sont *incamérés*, en français confisqués. Au lieu des bons moines si empressés auprès des voyageurs, l'hospitalité est actuellement exercée par monsieur le prieur et monsieur le sous-prieur, braves gens sans doute, mais qui doivent mesurer leur munificence sur leurs maigres moyens. Que peuvent-ils avec les 7 ou 8 mille francs que leur alloue le gouvernement de Victor-Emmanuel II? Avant la confiscation dernière de ses propriétés, l'hospice avait été déjà dépouillé par décret de Victor-Emmanuel Ier, le 30 avril 1816, de tous les revenus que lui avait accordés Napoléon. En échange de l'abandon forcé de ses revenus, il avait reçu une misérable somme de 18,000 francs. Le pauvre abbé du mont Cenis, Don Marietti, réduit à cette portion congrue qui ne lui permettait plus d'exercer la charité envers les voyageurs, dut se retirer avec tous ses religieux, sauf quatre, au couvent de Novalaise.

Dieu me garde de critiquer la conduite de Mgr Billet, alors évêque de Maurienne, actuellement cardinal et archevêque de Chambéry, dont les hautes vertus et la science sont connues, lorsqu'en 1832 il entra en lutte avec les quatre malheureux moines restés seuls à l'hospice du mont Cenis : il y eut dénonciation en cour de Rome. Qu'avaient fait ces moines? personne n'a pu nous le dire. L'affaire se traîna pendant sept années. Rome ne se presse point ; elle veut avoir le temps de mûrir ses décisions. Grégoire XVI, par un bref du 10 janvier 1837, ordonna la cession, par les pères bénédictins, de l'hospice du mont Cenis à l'évêque de Maurienne. Les bénédictins durent payer à l'hospice, à partir du 1er janvier 1840, la somme de 10,000 fr. en deux termes, cette même année. On accuse les moines d'avoir emporté le riche mobilier donné à l'hospice par l'Empereur Napoléon : c'est pure ca lomnie. Il s'est détruit de lui-même, faute de soins.

Le règne des prieurs, sous la juridiction de l'évêque de Maurienne, recommença. L'hospice y a-t-il gagné? Il n'y reste que d'assez mauvais lits, très-peu de chaises, et point d'autres meubles. La chambre de l'Empereur a seule été respectée; l'ameublement est fort simple, il a coûté 14,000 francs.

Depuis que l'hospitalité ne peut plus se donner que bien chichement à l'hospice, tout voyageur ayant des ressources va loger à l'auberge de la Poste ou dans les Osterias modestes du voisinage. On n'y est pas trop mal, quoique le luxe des matelas y soit presque inconnu, sauf pour les voyageurs de marque auxquels on en fournit quelques-uns.

Mais je regretterai toujours les anciens moines. On donnait ce qu'on voulait, en retour du vivre et du couvert; on partait sans rien donner, si l'on était sans argent. On trouvait de l'empressement et de la bienveillance. Aujourd'hui (je ne leur en fais pas un reproche, la modicité de leur revenu est leur excuse), prieur et sous-prieur délibèrent, lorsque des voyageurs arrivent, s'il faut ou non les recevoir. Si l'apparence est bonne, la porte s'ouvre; elle ne se ferme pas absolument si de pauvres Piémontais ou Savoyards se présentent; l'accueil est glacial. Comment ferons-nous? disent les deux prêtres; que reste-t-il au fond de la bourse?

Ils n'ont pas, comme les moines de la Grande-Chartreuse, la ressource de fabriquer une fine liqueur, quoiqu'ils pussent, s'ils étaient industrieux, faire du *génépi* avec les *artemisia* de leurs montagnes. Le génépi, bien préparé, est une liqueur qui vaut bien celle de la Chartreuse. Ils n'ont pas de tarif pour la dépense des voyageurs. Le voisinage d'une grande ville ne fait pas refluer chez eux la foule des touristes. De pauvres diables voyageant à pied ou des botanistes sac au dos, voilà leurs hôtes ordinaires. Les Anglais vont à l'auberge où on les appelle mylords. Les Italiens lettrés traversent la fièvre de l'irréligion et frémissent au contact d'un prêtre; ils ne descendent point à l'hospice. Point donc de libéralités des riches voyageurs pour compenser les dépenses occasionnées par la réception des pauvres!

Sur le fronton de l'hospice, on lit l'inscription suivante :

VIATORI SUCCURRERE

ALPIUM PENNINARUM

DOMITOR JUSSIT

ANNO REIPUBLICÆ IX (1800)

V. D.

BENEFICIORUM MEMOR — MONT BLANC.

Plus haut, sur le cadran solaire, on remarque l'invitation ci-après, qui, pour être comprise des pauvres diables en quête d'un abri, aurait dû être formulée en français et en italien :

Tempore nimboso sistite gradum;
Ut mihi, sic vobis, hora quietis erit.

L'hospice est fortifié, je l'ai dit : ses fortifications ne tarderont pas à tomber en ruines. Les meurtrières s'élargissent, les pierres se détachent. Nul ne s'en préoccupe. Au reste, c'est l'affaire des Italiens, puisque, par une étrange fatalité, l'hospice est hors de France.

Le plateau du mont Cenis n'est pas la seule curiosité pour le voyageur ou le botaniste. D'autres spectacles grandioses appellent son attention. Plusieurs de nos amis, accompagnés du président « du club des grimpeurs, » figure originale à laquelle je consacrerai plus tard quelques lignes, ont fait l'ascension des Ronches et de la Roche-Michel.

Après avoir cent fois risqué de se casser le cou, tout en remplissant leur boîte de plantes chéries, ils ont atteint les graviers des Ronches, et plus haut la Roche-Michel, glacier qui se termine en pain de sucre. Cette roche est un schiste micacé mélangé d'une forte partie de talc gris-verdâtre ; la poussière en est douce et savonneuse. De ce point élevé, la plaine du mont Cenis ne s'aperçoit plus. Mais la grande chaîne des Alpes attire vos yeux ; les plaines de la Lombardie se déroulent devant vous avec leurs richesses et leur magnificence. Il faut cinq heures de marche à partir de l'hospice pour atteindre le pic de Saint-Michel. L'illustre Saussure en a fait l'ascension.

Les graviers des Ronches sont formés par des débris détachés de la Roche-Michel, entraînés par les avalanches ou la fonte des neiges. Ils occupent une étendue de 3 kilomètres de long sur 2 kilomètres de large. La pente est douce ; les véritables difficultés d'ascension commencent à la Roche-Michel. On y trouve les plantes des régions les plus élevées.

M. Verlot, et quelques autres, ont fait l'ascension au lac Blanc. L'illustre président du club des grimpeurs anglais, John Ball, ne les a pas quittés d'un pas, fier de déployer sa merveilleuse agilité devant des témoins si peu faits pour le comprendre, eux, les yeux tournés vers le sol ou les anfractuosités des roches, à la recherche d'une plante rare.

L'ascension dura six heures. Le lac n'a pas une grande étendue : supposez un bassin dix fois large comme celui des Tuileries ou du Luxembourg. Ses eaux blanches étonnent ; elles lui ont donné son nom. Le savant docteur Bouvier explique très-bien la cause de cette couleur laiteuse. « Au midi, dit-il, le lac est « dominé par une masse rocheuse de nature talqueuse, « sur les flancs de laquelle repose un glacier assez

« étendu. Les eaux qui en proviennent, par le fait de
« la fonte des neiges, détrempent peu à peu la roche,
« la convertissent en poussière blanchâtre qu'elles en-
« traînent avec elle, et en reçoivent ainsi cette cou-
« leur qui, de prime abord, paraît si extraordinaire. »

Du lac Blanc, la ville de Turin et ses nombreux clochers apparaissent distinctement. Des yeux exercés peuvent, par un temps très-clair, apercevoir le dôme de Milan.

M. Verlot et ses compagnons n'ont pu jouir de la vue de Turin, et encore moins de celle du dôme de Milan, la pluie les ayant pris au moment même où ils allaient atteindre le lac Blanc.

La localité du lac Blanc est célèbre en botanique par la présence d'une plante très-rare, le nard des anciens, *valeriana celtica*.

A environ 200 mètres au-dessus du lac Blanc, existe un autre petit lac d'une moindre dimension, connu sous le nom de *lac Noir*. Ses eaux sont seulement moins blanches; par le contraste elles semblent noires au voyageur.

La végétation des terrains qui en sont le plus rapprochés ne présente aucun phénomène particulier. On y retrouve à peu près les mêmes espèces qu'aux eaux blanches et aux Ronches.

M. Verlot et les autres arrivèrent à l'hôtel de la Poste après onze à douze heures de marche, exténués, pliant sous le faix de plantes rares dont le Muséum d'histoire naturelle s'est enrichi.

Le lendemain, frais et dispos, malgré la privation de sommeil causée par la nécessité de préparer l'envoi des plantes à Paris, ils étaient, comme John Ball, prêts à recommencer, ce qu'ils firent joyeusement en se dirigeant vers le petit mont Cenis.

Pour arriver au petit mont Cenis, il faut longer le lac par sa partie septentrionale. Ce n'est pas une montagne bien élevée; le col est situé à environ 200 mètres au-dessus du grand lac. Ce point, avant l'annexion, séparait la Savoie du Piémont. On y trouve de belles prairies, analogues à celles des environs du lac. M. Verlot, le docteur Cordier, MM. Hénon, député au Corps législatif, Godefroy, employé au ministère de l'intérieur, Perrier de la Bâtie et le docteur Rostant, y ont rencontré des troupeaux de vaches. Les deux derniers botanistes, qui connaissaient le pays, ont fait récolter à la compagnie des espèces rares, notamment le *carex membranacea*, plante plus singulière qu'élégante.

La petite troupe a découvert une nouvelle localité d'une plante qui n'avait été signalée jusqu'ici qu'au col de Peas, ou Pagas, dans le Briançonnais, c'est le *hieracium subnivale*.

On a donné à tort le nom de col au petit mont Cenis. C'est une simple succession de prairies et de pâturages. Une fois arrivé au sommet du col, on descend vers une vallée, que M. Verlot et ses amis ont suivie pour gagner la route de Modane au fort de l'Esseillon, abrégeant ainsi leur retour de 15 kilomètres.

Au commencement de cette vallée, sur un pin, le docteur Cordier a récolté un fort bel exemplaire d'un champignon ligneux remarquable, le *polyporus rufescens*.

Un peu plus loin, ils ont fait la rencontre de deux petites filles occupées à couper des tiges d'orties et des feuilles de frênes pour la nourriture de leurs vaches. Ces herbes, on le sait, ont la propriété de rendre le lait plus crémeux, et par cela même plus nourrissant. Aussi tous les frênes étaient-ils dépouillés de leurs feuilles et, pour la commodité de la cueillette, les avait-on étêtés, afin de développer les rameaux de la base et de donner à l'arbre un port buissonneux.

Il me reste à dire un mot de l'histoire du mont Cenis. C'est la grande route de la conquête de l'Italie. Moins commode, moins stratégique peut-être que le grand Saint-Bernard, le mont Cenis a vu passer bien des armées.

Les Romains connaissaient très-bien cette route. L'une des constantes préoccupations de l'administration de l'empereur Auguste, lorsque son pouvoir fut définitivement affermi, fut d'assurer par de bonnes routes les communications de l'Italie avec les Gaules.

Agrippa, son gendre, l'un de ses plus habiles ministres, fut chargé du gouvernement de cette dernière contrée, sous le nom de lieutenant de l'empereur. En peu d'années, sous son active direction, la face des Gaules fut renouvelée. Des cités magnifiques s'élevèrent, les anciennes villes furent améliorées, puis reliées entre elles par quatre grandes voies qui, partant de Lyon, où aboutissaient les routes d'Italie, se dirigeaient vers le Rhin, le détroit Gallique (le Pas-de-Calais), l'Océan occidental, et les Pyrénées.

Pour arriver à ses fins, Auguste soumit ou détruisit les tribus alpines et établit des colonies militaires au milieu d'elles. C'est ainsi que les cités d'Aoste (*Augusta Prætoria*), Turin (*Augusta Taurinorum*), *Augusta des Vosgiens* dans le département actuel des Hautes-Alpes, furent transformées.

Fidèle aux traditions du Sénat, Auguste fit par la politique tout ce qui pouvait être fait. Tant qu'il put contenir par la douceur, l'intérêt ou la ruse, les montagnards des Alpes, il se garda bien de les écraser sous le joug romain. Il s'efforça de s'attacher les chefs par des richesses et des honneurs. Il trouva dans un chef alpin, attiré vers lui par la crainte ou l'admiration, un instrument docile; il le combla de prévenances et de bienfaits, et lui décerna le titre de roi. Le roi Kotth (*Cottius*) fit exécuter par ses propres sujets les routes des Alpes qui portent encore son nom. Le premier sentier du mont Cenis date de lui. Kotth mourut en paix dans ses montagnes, après avoir ainsi rendu à la civilisation un signalé service. Il n'eut pas de successeur.

Il n'est pas impossible, en combinant mes souvenirs de la haute Auvergne et de la Savoie, de restituer la figure du roi Kotth. Il me semble le voir vigoureusement charpenté, avec ses longs cheveux, le front ceint du bandeau royal, sa physionomie expressive, ses traits fortement accusés, sa main armée du bâton de montagne en guise de sceptre, ses larges braies à demi cachées par le laticlave, et ses bottines rouges, insignes de la dignité, inspectant, accompagné de quelque tribun envoyé par l'empereur Auguste, ses sujets en train de tracer, au profit des Romains, une route sur le flanc escarpé des Alpes.

Bon vieux roi Kotth, dors dans ta tombe ignorée ! Qu'on ne s'avise jamais de t'élever une statue. Ton nom, légué aux montagnes sur lesquelles tu régnas, est aussi indestructible qu'elles.

C'est surtout depuis l'ère chrétienne que la route du mont Cenis a joué un grand rôle.

Constantin, parti du fond des Gaules pour opérer la plus grande révolution morale que verra jamais le monde, le franchit avec ses Gaulois, travestis en Romains, au nombre de quarante mille, guidés par leur drapeau rouge national surmonté d'une croix, le fameux *Labarum*. Il déboucha par les plaines de la Lombardie sur Milan, où il rendit le décret de tolérance connu sous le nom de décret de Milan, indice de sa volonté de s'appuyer sur le christianisme. Maxence fut vaincu. L'ère moderne commença véritablement. Le mont Cenis fut alors la route impériale du progrès.

En 402, Alaric, marchant sur Rome, traversa le mont Cenis. Le Goth Stilicon, son adversaire, était le dernier défenseur de l'empire romain, inclinant vers sa fin par une chute accélérée.

Pépin le Bref, appelé par le pape Etienne II, franchit le mont Cenis à la tête de ses troupes, et vint assiéger dans Pavie Astolphe, roi des Lombards. La monarchie lombarde ne périt pas encore par l'abandon que fit Astolphe de ses prétentions sur certains domaines réputés biens d'église; mais, en 774, Charlemagne, mandé par le pape, marcha, à la tête de deux corps d'armée, dont l'un suivit la route du mont Cenis, contre *Desiderius*, le Didier des Français, roi des Lombards, qui voulait, à cette époque reculée, comme Victor-Emmanuel le veut aujourd'hui, fonder l'unité de l'Italie sous son sceptre.

Desiderius, vaincu, fut le dernier roi des Lombards. Charlemagne mit sur sa tête la couronne de fer que Napoléon Ier devait ceindre onze siècles plus tard à son tour. L'unité de l'Italie fut indéfiniment ajournée, l'empire d'Occident reconstitué pour un jour. La puissance temporelle des papes et, moins d'un siècle après, leur puissance spirituelle furent assises.

Il n'existait pas alors de route proprement dite du mont Cenis ; c'était un sentier où les gens de guerre s'avançaient à la file les uns des autres. Les armées d'alors n'étaient pas embarrassées par les *impedimenta* des armées modernes.

Louis le Débonnaire, fils de Charlemagne, fonda l'hospice, je l'ai dit déjà. Lothaire Ier, son fils et son successeur sur le trône des Lombards, assigna au nouvel établissement les revenus du monastère *di Pagno* en Piémont ; la direction en fut donnée par lui aux moines de Novalaise.

Les arrêts du sénat de Savoie y étaient exécutoires dans le XVIIe siècle. D'un arrêt de cette cour de justice, daté du 10 février 1679 et cité par M. le docteur Louis Bouvier, il résulte que le directeur de l'hospice avait besoin d'être rappelé quelquefois à l'exécution de son mandat. L'arrêt lui ordonne, sous peine de 500 livres d'amende par réduction de son temporel, de fournir aux pauvres passants l'aumône d'un quartier de pain *bon et recevable* avec du lait, du *cérat* (1) ou du potage quand ils sont obligés d'y séjourner quel-

---

(1) Probablement le cérat était une préparation avec la farine de quelque céréale.

ques heures, « même quant à ceux qui y couchent,
« continue l'arrêt, un lit garni de paille (la tradition s'est
« conservée jusqu'à nos jours, même pour les riches
« passants !), de linceuls et de couvertures, et aux prê-
« tres et aux religieux, deux verres de vin de plus
« qu'aux autres, et, en outre, de tenir deux valets pour
« le service des pauvres passants et une monture pour
« le service des pauvres incommodés, que le *recteur*
« *moderne* de l'hôpital fera conduire jusqu'à l'hôtel de
« la Ferrière ou de Lanslebourg, et de tenir deux va-
« ches pour fournir ledit lait; et ordonne de plus qu'il
« sera exhorté, aux mêmes peines que dessus, à faire
« résidence actuelle audit lieu pour l'administration
« des sacrements aux passants et à ceux qui habitent
« lesdites montagnes, et de faire procéder incessam-
« ment à la réparation dudit hôpital qui tombe en
« ruines. »

Ordre était donné aux officiers locaux de Lanslebourg de tenir la main à l'exécution de l'arrêt, à peine
d'être responsables à leur propre et privé nom.

Cet arrêt est curieux, et l'on doit rendre grâce à
M. le docteur Bouvier de l'avoir publié dans son intéressante et très-exacte brochure de juillet 1863. Il
prouve plusieurs choses : 1° que la maison de Savoie
n'a jamais porté un intérêt très-vif à l'hospice du mont
Cenis, dont les anciens moines étaient remplacés par
un recteur moderne ; 2° que ce recteur moderne imi-

tait les évêques de cour et ne résidait guère ; 3° que l'hospice était à l'abandon, tant au temporel qu'au spirituel ; 4° que la pitance des pauvres voyageurs était fort maigre ; 5° que les membres du clergé avaient droit à un de meilleurs repas ; 6° il prouve enfin que l'hospice faisait partie intégrante de la Savoie ; que jamais le Piémont n'a pu et dû prétendre à sa possession, et qu'aussitôt que l'Empereur Napoléon III pourra le rattacher à la France, il fera une chose juste, excellente, désirée par les bons Savoyards, nos compatriotes définitifs, et ardemment attendue par les habitants permanents du mont Cenis, qui se proclament hautement Français, point Italiens, et sont dévorés de la soif de la patrie française.

Le recteur moderne était, comme aujourd'hui le prieur, à la nomination de l'évêque de Maurienne et sous sa juridiction. C'est peut-être pour cela que Mgr Billet a voulu rattacher à son évêché l'hospice du mont Cenis qui, sous les moines réintégrés par Napoléon Ier, échappait à l'ordinaire.

Un mandement du 25 juillet 1770, émané de l'évêque Hyacinthe de Valperga, défendit au prêtre (il n'y en avait donc qu'un, le recteur moderne !) « d'enterrer « aucun corps de ceux qui mourraient hors dudit hôpi- « tal, si ce n'est que ce soit du consentement exprès « du révérend curé. » Le recteur n'avait autorité que da ns l'intérieur de l'hospice. Où résidait le révérend curé? de quelle paroisse dépendait le mont Cenis, moins l'hospice? Il dépendait alors, comme aujourd'hui, de la paroisse de Lanslebourg, ainsi qu'il résulte d'une patente datée de Suze, le 18 juin 1477, édictée par le duc de Savoie. En effet, dans cette patente, le duc prescrit de conduire à Lanslebourg, à six lieues de l'hospice, les corps des individus décédés sur la route, accidents fréquents à cette époque et qui le sont encore malheureusement trop à la nôtre, lorsque des tourmentes soulèvent la neige et rendent impossible toute retraite ou toute marche en avant au voyageur surpris entre deux maisons de secours. M. le docteur Bouvier a copié la patente, écrite en mauvais latin, et conservée dans les archives de l'hospice.

C'était donc par un reste de vieille habitude que Mgr l'évêque Hycinthe de Valperga appelait, le 25 juillet 1770, le prêtre de l'hospice du nom de *recteur moderne*. Sa modernité remontait au moins à 1477.

Enfin, le 21 février 1801, le premier consul Bonaparte, couvert des lauriers de Marengo et préludant à la grande organisation administrative de la France, prit en main la cause de l'hospice du mont Cenis et lui donna une splendeur qu'il n'avait jamais connue.

Il rendit le décret suivant :

ART. 1er. — Il sera établi, sur le Simplon et le mont Cenis, un hospice pareil à celui qui existe sur le grand Saint-Bernard. Ces hospices seront servis par des religieux du même Ordre que ceux du grand Saint-Bernard. Il ne pourra jamais y avoir moins de quinze personnes dans chaque hospice, et les religieux seront soumis à la même discipline et tenus à observer les mêmes devoirs envers les voyageurs que ceux du grand Saint-Bernard.

Art. 2. — Les hospices du grand Saint-Bernard, du Simplon et du mont Cenis ne formeront qu'une seule maison sous les ordres du même supérieur.

Art. 3. — Chacun des gouvernements piémontais et cisalpin dotera l'Ordre du grand Saint-Bernard de biens fonds rapportant 20,000 francs de revenu. Cet Ordre entrera en jouissance de ces biens le 1er germinal prochain.

Art. 4. — Le Ministre de l'intérieur de la République française fera verser, dans la caisse de l'Ordre, 20,000 francs dans le courant de germinal et 20,000 francs dans le courant de messidor prochain, époque à laquelle ces deux hospices devront être en pleine activité.

Art. 5. — Le général Tarreau, chargé d'ouvrir une communication entre le Simplon et la Cisalpine, les préfets du Léman et du mont Blanc donneront, à l'Ordre, toutes les facilités nécessaires pour la construction et l'organisation de ces deux hospices.

Sous l'administration des ducs de Savoie, je l'ai dit, on ne pouvait franchir le mont Cenis qu'à dos de mulet. Le maréchal de Catinat, préparant la victoire de Staffarde, rendit la voie accessible aux voitures légères. Précédemment j'ai parlé des travaux que fit exécuter Napoléon, et qui ont rendu la route actuelle excellente. C'est un ouvrage gigantesque, et digne du grand homme qui l'entreprit et l'acheva moyennant une dépense de 6 millions de francs.

Le passage, sous le premier Empire, était beaucoup plus fréquenté qu'aujourd'hui, en raison de l'union de l'Italie à la France. M. le docteur Bouvier assure qu'en 1812 il y passa 16,889 voitures et environ 45,000 mulets. On mit dix ans pour l'achever, de 1803 à 1813.

Les casernes d'infanterie et de cavalerie qui flanquent l'hospice peuvent recevoir 2,212 hommes et 300 chevaux.

Le pape Pie VII, en venant sacrer à Paris l'Empereur Napoléon, s'arrêta à l'hospice du mont Cenis, le 25 novembre 1804. Une inscription latine a célébré cet événement : on la lit dans la chambre de l'Empereur.

Le même pape se retrouva à l'hospice, huit ans plus tard, dans une situation bien différente. Il était prisonnier, et conduit en France par le général Radet : il passa trois jours au mont Cenis, les 13, 14 et 15 juillet 1812. On avait, pendant son séjour, fermé le passage du mont Cenis, sans doute pour empêcher l'affluence des pèlerins qui n'auraient pas manqué de venir, des points rapprochés de la Savoie et du Piémont, demander au Saint-Père une bénédiction d'autant plus recherchée qu'il était dans l'infortune.

Napoléon avait de grandes vues sur le mont Cenis. Du champ de bataille de Wurtzen, le 22 mai 1813, il décréta l'érection, sur le plateau de la Madeleine, d'un monument colossal qui devait perpétuer le souvenir de nos victoires dans la campagne de 1813 et dans celles qui devaient suivre. Amère ironie du sort ! Nous étions à la veille des désastres dont la patrie saigne encore. Napoléon se faisait-il illusion, ou voulait-il faire illusion au monde? Il aimait ces actes d'apparat qui imposent à l'imagination des peuples. Il sentait la fortune lui échapper, et il voulait frapper les esprits de la croyance qu'elle lui revenait fidèle, après l'avoir un instant abandonné dans la campagne de Russie.

L'impératrice Marie-Louise, régente en l'absence de l'Empereur, rendit, le 10 juin suivant, un décret exécutoire de celui du 22 mai. Les Instituts de France, du royaume d'Italie, de Florence et de Rome, furent appelés à préparer les projets du monument dont la dépense approximative devait atteindre la somme de 25 millions.

Les événements marchèrent plus vite que la commission des quatre Instituts. La capitulation de Paris, l'abdication de Napoléon, le retour des Bourbons laissèrent le mont Cenis riche de sa propre beauté. Aucun monument, autre que l'hospice, ne vint avertir le voyageur qu'un grand homme en avait voulu changer la face.

On dit que Napoléon avait d'autres projets encore; il voulait fonder une ville de 6,000 âmes sur le plateau du mont Cenis, en y attirant des habitants par des exemptions d'impôts et d'autres avantages considérables. Il est heureux que sa volonté n'ait pu être mise à exécution : la France et l'Italie doivent être amies, et non liées ensemble par un même gouvernement.

Les causes de passage de troupes étant supprimées, comment eût vécu la ville du mont Cenis ? elle se serait en un instant dépeuplée. Les maisons et les édifices, restés debout, auraient porté témoignage de la vanité d'une lutte contre la force des choses.

On ne saurait créer une ville sans des raisons suffisantes. Alexandre a pu fonder Alexandrie qui subsiste encore, Constantin recréer Byzance sous le nom de Constantinople et en faire la seconde capitale du monde, en attendant qu'elle devînt celle des Osmanlis ; le congrès des États-Unis a pu fonder Washington, centre d'une immense république, sur un fleuve navigable pour les plus grands vaisseaux : la ville de Washington subsistera malgré la prédiction de Joseph de Maistre, ce prophète du passé, parce qu'elle répond à un besoin durable ; la ville du mont Cenis,

..... *Si parva licet componere magnis,*

n'aurait pu vivre par la raison contraire.

Si le mont Cenis est riche en souvenirs historiques, il ne l'est pas moins en souvenirs scientifiques. Là je m'arrête, laissant aux savants botanistes dont je suis l'humble associé le soin de relever, comme l'a fait M. le docteur Bouvier, le nom et les actes des Arduini, Bassi, Scopoli et Allioni, des Pierre Cornalia et Vitaliani, Donati, botanistes et professeurs italiens, de la Condamine, notre illustre compatriote, qui mesura la hauteur du mont Cenis et trouva que l'hospice avait une hauteur de 1,943 mètres au-dessus du niveau de la mer.

Ils diront que Saussure et son fils y firent de magnifiques herborisations; que d'autres Français moins célèbres, quoique dignes de mémoire, ont suivi leurs traces.

Mon cousin Henry et moi avons eu l'insigne honneur d'être proclamés, sur le plateau du mont Cenis, membres de la Société botanique de France. L'histoire, j'imagine, se gardera bien, et pour cause, d'enregistrer ce mémorable souvenir!

CHAPITRE XI

Percement du mont Cenis.

L'ami qui devait s'arrêter à Modane et visiter les travaux du percement du mont des Fourneaux, a pris une autre direction. Nous avons, en effet, retrouvé M. Jamin, le 7 août, à la gare du chemin de fer de Gagnes à Marseille. Il avait filé de Milan sur Gênes, puis, de Gênes, était arrivé à Nice par mer. De Nice, il se rendait directement à Paris, brûlant l'étape de Toulon et celle de Marseille.

Force m'est donc de m'en tenir aux renseignements que j'ai recueillis de vive voix au mont Cenis de plusieurs de nos compagnons savoyards ou italiens qui ont parcouru le tunnel, commencé tant du côté de France que de celui d'Italie. J'ai d'ailleurs un excel=

lent guide dans l'intéressante brochure de M. Bonjean, de Chambéry, publiée en juin 1863, il y a deux mois à peine. Cette brochure m'est donnée par M. le docteur Monard, ancien chirurgien principal des armées, vieillard actif et instruit, botaniste réputé, le même qui accompagnait le docteur Boisduval à la visite du maire de Mont-Denis.

Le percement du mont Cenis, puisque c'est l'expression consacrée, est certainement la plus grande entreprise qu'ait conçue l'audace humaine. C'est aussi l'une des plus utiles. Il changera, si le succès répond aux espérances, tout le système des relations commerciales de l'Europe continentale avec l'Italie.

On ne saurait lui comparer, pour la grandeur et l'utilité, que l'ouverture de l'isthme de Suez, destinée à unir la mer Rouge à la Méditerranée, et à rapprocher de trois mille lieues l'Europe de l'Asie et de l'Australie. Malgré tous les obstacles suscités par la jalousie de l'Angleterre, le canal de Suez est près d'être achevé. Toute la gloire en revient à la France, dont l'un des fils les plus dévoués et les plus illustres, M. de Lesseps, a osé concevoir et su diriger cette œuvre gigantesque.

Paris et Turin, par le percement du mont Cenis, ne seront plus séparés que par dix-huit heures.

« La ligne la plus directe de Turin à Paris, dit
« M. Bonjean, passe par Suze, Modane, Chambéry,
« Culoz et Ambérieux; point d'embranchement sur

« Lyon et sur Mâcon. En parvenant à construire un
« chemin de fer de Suze à Modane, à travers l'impor-
« tante chaîne des Alpes qui ferme l'Italie au nord et
« au nord-ouest, on relierait ainsi le réseau du che-
« min de fer de l'Italie, dont la tête de ligne est à
« Turin, avec les grandes lignes européennes du Nord
« de la France, de la Belgique, de la Suisse et de l'Al-
« lemagne, et un wagon, partant des bords de l'Océan
« et passant par Paris, Mâcon, Culoz, Chambéry et
« Turin, arriverait soit à Gènes, place la plus impor-
« tante du commerce maritime de l'Italie sur la Mé-
« diterranée, soit vers l'Adriatique, par le chemin de
« fer de Turin à Novare, continué jusqu'au pont du
« Tessin où se relient les chemins de fer de Milan et
« de Venise, soit encore à Ancône, et, plus tard, à
« Brindisi, par Alexandrie, Bologne, Rimini, etc.
« Mais, pour effectuer la section du chemin de fer de
« Suze à Modane, il fallait vaincre un immense obsta-
« cle élevé par la nature, et ouvrir, à travers les mon-
« tagnes gigantesques qui séparent les deux versants,
« un tunnel de 12 kilomètres, c'est-à-dire deux ou
« trois fois plus long que ceux exécutés jusqu'à ce
« jour. »

J'ai voulu transcrire tout au long ce passage de la brochure de M. Bonjean, parce qu'il donne une idée exacte du problème à résoudre et des avantages incalculables qui résulteraient de sa solution.

Remarquons, en passant, combien nos compatriotes sont peu fiers. Ils ont adopté les mots du vocabulaire anglais pour tout ce qui se rattache aux chemins de fer, comme pour les questions hippiques. J'ai craint, un instant, que le mot *rail-way* ne passât dans la langue ; nous avons retenu *ballast, truck, wagon, tunnel*, etc. Je proteste contre ce dernier mot d'origine française, importé par les Normands en Angleterre. De *tonnelle*, les Anglais ont fait *tunel* par une modification en rapport avec le génie de leur langue. Nous l'avons ensuite réimporté, assez niais pour nous l'approprier sans le reconnaître. Il en est de même du mot *square* appliqué à nos jardins publics. C'est le mot « carré » dont les Normands avaient doté l'Angleterre. Comprend-on le *square* de la place d'Europe, à Paris, lequel est *rond ?* Où a-t-on jamais vu un carré rond ?

Les Italiens ont été plus sages ou plus orgueilleux. Ils appellent *strada ferrata*, route ferrée, un chemin de fer ; ils nomment *galeria*, galerie, ce que nous dénommons tunnel. Galerie rend mille fois mieux l'idée d'un long passage voûté que le mot tunnel.

Je reviens à mon sujet.

Dès l'année 1851, le gouvernement sarde fit, sous le ministère de M. de Cavour, étudier le projet de percement du mont des Fourneaux. MM. Sommeillier, Grandis et Grattoni, célèbres ingénieurs, les deux premiers Savoyards, auxquels fut adjoint M. Ranco, reçurent mission de rechercher le point le plus convenable pour opérer le percement. Ces hommes habiles reconnurent que la meilleure direction à donner au chemin de fer Victor-Emmanuel était par la vallée de la Doire et de l'Arc, puis, entre Modane et Bardonnèche, sous le col de Fréjus, en ouvrant le mont des Fourneaux.

Il ne s'agissait pas ici de percer une galerie comme celle de Blaisy-Bas dont l'étendue, il est vrai, est déjà considérable, mais qui a pu être commencée sur autant de points qu'on l'a voulu, par le creusement de puits. On ne peut faire de puits sur une montagne de près de 1,600 mètres d'élévation. Le percement du mont des Fourneaux ne pouvait donc s'opérer que sur deux points, du côté de la Savoie, près de Modane, du côté de l'Italie, près de Bardonnèche.

Quelle était la composition géologique de l'intérieur du mont des Fourneaux ? C'était la première question à examiner. Cette montagne était-elle composée de granit, de serpentine ? N'y trouverait-on pas des amas d'eau ?

M. Gabriel de Mortillet, ingénieur civil, professeur d'histoire naturelle à Annecy, fut chargé, par la chambre de commerce de Chambéry, d'étudier le problème.

Voici la conclusion de son rapport, extraite du quatrième volume des *Annales de la chambre royale d'agriculture et de commerce de Savoie.*

« En résumé, les roches qui se trouvent entre Four-
« neaux et Bardonnèche sont, en suivant leur ordre à
« partir de Fourneaux :

« 1° Des grès micacés et talqueux ;

« 2° Des quartzites ;

« 3° Des masses gypseuses anhydres ;

« 4° Des calcaires grenus ;

« 5° Des schistes argileux et calcaires.

« Toutes ces roches, sauf les quartzites, se travail-
« lent facilement, et, loin d'offrir des difficultés pour
« percer un tunnel, sont on ne peut plus favorables.
« Quant aux quartzites, roches fort dures, véritable
« obstacle, ils sont heureusement peu dévelop-
« pés, et, grâce à une faille qui se trouve au-delà
« du Cormet, il sera probablement facile de les
« éviter.

« Les colonnes d'eau, vu la nature de ces diverses
« roches, ne sont pas à craindre. Le projet de tunnel
« des Alpes entre Fourneaux et Bardonnèche se trouve
« dans les meilleures conditions sous le rapport miné-
« ralogique et géologique. »

Les ingénieurs Grattoni et Ranco adhérèrent à ces conclusions.

Dès les premiers mois de l'année 1857, le roi de Sardaigne, désireux de commencer la grande entreprise, fit présenter à son parlement un projet de loi. Le sénat l'accueillit.

Le système hydro-pneumatique, inventé par MM. Grattoni, Grandis et Sommeillier, rendait, en effet, possible ce qui avait jusqu'alors été considéré comme impraticable.

Ce système consistait en un compresseur mécanique mis en mouvement par une chute d'eau, dans lequel « l'air comprimé à une pression de six atmosphères « est refoulé dans un réservoir où il est emprisonné.

« Depuis le réservoir, cet air comprimé peut être « transmis à la distance qu'on désire, au moyen de « tuyaux en caoutchouc recouverts d'une toile, soit « pour agir comme moteur, soit afin de transporter « dans les galeries la quantité d'air nécessaire pour « chasser les gaz développés par la poudre, les lam- « pes et la respiration des ouvriers.

« Enfin, le moteur est appliqué à une machine per- « foratrice, automatique, et agissant dans tous les « sens, pour pratiquer des trous de mine avec une « vitesse décuple du travail manuel. »

Telle est la description du système des trois ingénieurs, extraite du rapport du sénateur Jacquemond, au nom d'une commission de cinq membres du sénat sarde.

Les études du système des trois ingénieurs, la construction des machines, des bâtiments nécessaires pour le logement des travailleurs, les dérivations d'eau, etc., absorbèrent les années 1858 et 1859. Ce fut seulement en 1861 que les premières expériences de l'application des nouveaux perforateurs à air comprimé furent faites à Bardonnèche. De ces expériences il résulta la preuve que l'air comprimé pouvait être projeté à des distances considérables et, comme la vapeur, servir de force motrice.

Le mémoire de M. Gabriel de Mortillet sur la géologie de la montagne située entre Modane et Bardonnèche avait appris, par l'analyse minutieuse des roches, que les difficultés de percement étaient plus grandes du côté de Modane que du côté de Bardonnèche. Du côté de Modane règnent, en effet, des roches quartzeuses, tandis que, du côté de l'Italie, on trouve des calcaires schisteux assez tendres. Ces calcaires schisteux sont toutefois mélangés de rognons de silex et de carbonate de chaux compacte.

Je n'entrerai pas dans des détails techniques sur l nature et les difficultés du travail gigantesque entrepris à la fois des deux côtés de la montagne. M. Bonjean, dans sa brochure, donne des indications précieuses à cet égard. Ses descriptions sont en partie empruntées au remarquable rapport publié en 1861 par M. Noblemaire, ingénieur des mines, et adressé par cet homme de mérite à la Compagnie des chemins de er du Nord de l'Espagne. Je me bornerai à dire que, du côté de Modane, l'entrée en tunnel est à 105 mètres au-dessus du thalweg, et, du côté de Bardonnèche, au niveau des grandes eaux ; que le tunnel a deux voies, que sa hauteur est de 6 mètres au-dessus du rail, sa largeur de 8 mètres à l'entrée de la voûte, et de 7 mètres 72 à la base des pieds-droits ; qu'à Modane, la voûte est en plein cintre, et à Bardonnèche elliptique et plus haute de 0^m 30 qu'à Modane. J'ajouterai que le revêtement en pierre est de $0^m 70$ à 1 mètre.

Si j'étais ingénieur, je pourrais décrire les compresseurs *à choc de bélier*, au nombre de dix de chaque côté du tunnel, les deux compresseurs *à piston* à double effet, directement mus par deux roues hydrauliques et comprimant l'air d'une manière continue.

Je pourrais parler des perforateurs qui donnent deux cents coups par minute et avancent en moyenne de quatre-vingt-dix centimètres par heure. On peut lire tout cela dans les brochures de MM. Noblemaire et Bonjean ; d'ailleurs, les articles si intéressants que M. Louis Figuier a consacrés, dans plusieurs de ses Années scientifiques, au percement du mont Cenis, peuvent être facilement consultés.

Je ne saurais trop engager les personnes désireuses de s'instruire, à lire le petit ouvrage de M. Bonjean, clairement et simplement écrit, où la science de l'ingénieur est unie à une véritable entente des conditions de style propres à l'exposition des faits scientifiques ou mécaniques inconnus aux gens du monde. Aux qualités de l'écrivain, M. Bonjean joint des connaissances étendues et variées en histoire naturelle. Il connaît bien la botanique et a fait de nombreuses herborisations au mont Cenis. Nous aurions été heureux de l'avoir au milieu de nous. Des circonstances imprévues ne lui ont pas permis de nous apporter le concours de ses lumières. La Savoie compte d'ailleurs une foule d'hommes distingués, devenus nos compatriotes. Nous pouvons les citer parmi les meilleurs Français.

Le rapport de M. Noblemaire (*Neuilly, Guiraudet*, 1861) n'est pas moins digne de fixer l'attention. On trouvera dans ce document beaucoup de chiffres, et une description des appareils pleine de lucidité. Rien de plus ingénieux que les procédés d'attaque de la roche et de disposition des mines.

Le 4 mars 1863, le ministre Menabrea, Savoyard de naissance quoique d'origine italienne, qui est resté fidèle au pays de ses aïeux, a rendu compte à la Chambre des députés de Turin de l'état des travaux du percement du mont des Fourneaux.

La longueur de la galerie en voie de percement sera, dit le ministre, de 12,220 mètres. L'orifice méridional, du côté de Bardonnèche, se trouve à la hauteur de 1,330 mètres 38 centimètres. La pente, à partir de ce point jusqu'à la moitié de la galerie, est de 5 centimètres par mille. Ensuite, en descendant vers la Savoie, la pente est de 22 mètres 2 centimètres par mille, de sorte que l'entrée de la galerie, du côté de Modane, sera à 1,202 mètres 82 centimètres au-dessus du niveau de la mer.

Le 23 mars 1863, jour où M. Boujean visita les travaux, la longueur totale de la galerie percée était, du côté de l'Italie, de 1,403 mètres ; du côté de la France, de 1,041 mètres, soit 2,444 mètres percés, c'est-à-dire le cinquième de la longueur totale que doit avoir la galerie.

Les ouvriers employés sont au nombre de deux mille, soit mille environ de chaque côté.

La nature des roches trouvées au début est encore la même : grès anthracifères à Modane, schistes calcaires à Bardonnèche.

On a pris des précautions contre l'invasion possible d'une grande quantité d'eau.

On espérait augmenter de 800 mètres en 1863 la longueur du percement effectué. Si ce chiffre se soutenait annuellement, douze ans et demi suffiraient pour l'achèvement du travail.

Les espérances qu'on avait à la fin de mars 1863 ont été dépassées. Ce n'est pas de 800 mètres qu'on a avancé dans le cours de cette année, c'est de plus de 1,000 mètres. En effet, sans modifications sensibles dans les procédés de travail, on a pu atteindre une moyenne de 42 mètres percés par mois du côté de Bardonnèche; du côté de Modane, la moyenne descend un peu, en raison de la dureté plus grande des roches; mais enfin on a augmenté les deux sections de la galerie d'un kilomètre.

Au commencement de juin 1864, la totalité du percement effectué est de 3,900 mètres. C'est beaucoup plus du quart de l'entreprise achevé.

Mais on a la *certitude* d'accomplir des progrès plus grands avant la fin de 1864. Des expériences toutes récentes ont prouvé qu'on pouvait marcher plus rapidement encore. Au moyen de la poudre comprimée et de procédés nouveaux dont des épreuves approfondies viennent de démontrer l'efficacité, on obtiendra un avancement de 50 mètres par mois du côté de Bardonnèche, et de 48 mètres du côté de Modane.

Dans le traité passé par le gouvernement français avec le gouvernement italien, qui doit exécuter seul le percement moyennant une subvention de 19 millions allouée par la France, il était accordé à Victor-Emmanuel vingt-cinq ans pour l'accomplir.

On peut lire, dans le rapport de M. Menabrea, l'énumération du nombre des mines qui auront dû faire explosion, de la quantité de kilogrammes de poudre qu'on aura dû employer, des mèches qu'on aura dû brûler, si les calculs déjà faits, pour la partie du percement exécuté, continuent à se trouver exacts pour le reste du percement à faire. Qu'il me suffise de dire que le ministre italien pense qu'il faudra brûler 14,664,000 mètres de mèches, longueur qui dépasse un peu celle du tiers de la circonférence de la terre. La dépense totale des mines, poudres et mèches, est évaluée à près de 9 millions.

Ces calculs seront singulièrement modifiés par l'application de la poudre comprimée et des méthodes perfectionnées dont j'ai parlé plus haut.

La subvention de 19 millions accordée par la France n'est pas une somme fixe. L'article 4 de la convention faite avec le gouvernement italien dit en effet :

« Dans le cas où les travaux seraient complétement
« terminés avant le délai de vingt-cinq ans, à partir du
« 1er janvier 1862, le capital de 19 millions sera aug-
« menté d'une prime de 500 mille francs pour chaque
« année entière dont le maximum de vingt-cinq ans
« aura été réduit.

« Si les travaux durent moins de quinze ans, la
« prime sera portée à 600 mille francs pour chaque
« année entière dont le délai de quinze ans aura été
« réduit. »

Tout calcul fait, en raison des moyens accélérés mis en pratique jusqu'en 1863, dont l'emploi réduisait à douze ans et demi la durée probable du percement, en raison des procédés nouveaux dont, *avant la fin de juin* 1864, on va commencer l'emploi, et qui auront pour effet de réduire à sept ou huit ans au plus la durée totale de ce percement; en raison aussi de l'intérêt des sommes dépensées par le gouvernement italien pour la partie du travail du côté de France, on arrive au chiffre de près de 35 millions pour la quotité de la subvention que nous aurons payée au gouvernement italien, qui, de son côté, n'aura guère à dépenser plus de 20 millions, en tenant compte même de la dépense qu'entraînera l'exécution du tronçon de chemin de fer entre Suze et Bardonnèche, soit 14 à 15 millions. Ainsi, le percement du mont Cenis proprement dit ne coûterait à l'Italie que 5 à 6 millions; elle aurait la gloire d'avoir conçu et exécuté l'entreprise, avec cette restriction que l'invention des procédés nouveaux et de la poudre comprimée, qui réduirait des deux tiers les vingt-cinq années présumées d'abord nécessaires pour opérer le percement, est toute française.

N'avons-nous pas fait un marché de dupe? la France est si riche et si généreuse! l'Italie est encore si accablée par la nécessité de pourvoir à l'organisation d'un grand État militaire et naval! Nous avons tant de supériorité dans tous les genres, que nous pouvons bien abandonner, dans cette circonstance, notre part de gloire à une jeune nation à qui la gloire est indispensable pour se constituer un moral.

Cette colossale entreprise aura-t-elle une heureuse fin? Qui pourrait en douter? Le génie de l'homme gouverne la matière. S'il se présente des difficultés imprévues, elles seront dominées. Dans quelques années, les voyageurs, les marchandises entreront en Italie ou en viendront par un chemin de fer direct.

La conquête de l'Italie par l'Autriche deviendra désormais impossible. En quelques jours la France, si l'Italie était en danger, pourrait réunir à Turin deux cent mille hommes. L'Autriche devra, tôt ou tard, se résigner à abandonner sans retour toutes ses possessions italiennes. Venise deviendra libre. Le quadrilatère, dans les mains du gouvernement iltalien, assurera à jamais l'indépendance de la Péninsule.

Mais Lanslebourg se dépeuplera, l'hospice du mont Cenis, les maisons de secours espacées sur la belle route de Napoléon, auront cessé d'avoir une utilité pratique. Le mont Cenis retombera dans un éternel silence, interrompu seulement par le mugissement des vaches, qui y passeront la saison d'été; la belle plaine de la Madeleine, les Ronches, le lac Blanc, le lac Noir, ne seront plus visités que par les grimpeurs intrépides comme John Ball, par les botanistes, les entomologistes et les voyageurs amis de la nature.

Alors la rectification de frontières que j'invoque pourra avoir lieu sans sérieuses réclamations de la part du gouvernement italien.

Alors, aussi, les deux peuples, français et italien, pourront, de concert, élever un monument sur le mont Cenis à la gloire des Constantin, des Pépin le Bref, des Charlemagne, des Napoléon dont les armées glorieuses, messagères de la civilisation, ont foulé son vieux sol, et à la gloire aussi des sciences, des arts, de l'industrie, du commerce qui, laissant chaque peuple développer librement son propre génie, transformeront un jour la guerre en une noble émulation qui ne coûtera ni sang, ni larmes à l'humanité !

CHAPITRE XII

Du Mont Cenis à Turin. — Adieux à la Société de botanique. — Le professeur Lecoq. — Le président du club des Grimpeurs. — Grande-Croix. — Où devrait être notre frontière. — Suze. — Le dauphin Humbert II. — Coup d'œil sur Turin.

Avant de quitter le mont Cenis, je dois rendre un légitime hommage aux chefs et aux membres de la Société botanique de France, au milieu desquels je viens de passer la semaine la plus agréable et la plus instructive. J'ai trouvé en eux l'urbanité, la bonne entente et la plus exquise politesse. M. le docteur Cosson, président, est un homme distingué, froid; sous des apparences timides, il cache de l'énergie. M. le docteur Cosson est auteur d'une *flore des environs de Paris*, ouvrage presque classique. Il a été chargé par le gouvernement de décrire les plantes de l'Algérie. L'exploration, pendant six années, de cette magnifique colonie, lui a permis d'en connaitre à fond l'histoire naturelle. La description des plantes de l'Algérie, imprimée aux frais de l'Etat, est en cours de publication.

- M. de Schœnefeld, secrétaire général de la Société, joint à beaucoup de science botanique des qualités organisatrices et directrices précieuses.

L'Italie avait voulu fournir son contingent de naturalistes. M. le sénateur Moris, de Turin, le professeur Rosellini, de Casal, M. Garini, de la ville d'Asti, M. Grassi, professeur de botanique à Turin, ont été des nôtres.

Le veille de notre départ, est arrivé M. le professeur Lecoq, de Clermont-Ferrand, membre correspondant de l'Académie des sciences. M. Lecoq a une réputation scientifique méritée. Botaniste, il est dans les premiers rangs ; professeur, il est sans rivaux à Clermont-Ferrand et ne trouverait guère à Paris que des émules. Il est la Providence du Musée de sa ville natale qu'il s'est plu à enrichir. On lui doit la carte géologique du Puy-de-Dôme, exécutée par lui seul au prix de sacrifices pécuniaires et de grands efforts de volonté et d'énergie.

J'ai eu l'honneur d'être au nombre de ses auditeurs assidus, il y a vingt-sept ans. J'étais sous le charme de sa parole facile et élégante, de ses démonstrations correctes et lucides. Il a grisonné ; la science s'est accrue chez lui, ses facultés se sont pliées à de plus nombreuses études : c'est toujours le même caractère indulgent, aimable, plein de feu, abondant en saillies.

Je voudrais pouvoir citer d'autres hommes remarquables; ils ne manquaient pas dans cette session tenue sur la cime des Alpes. Il faut se borner.

Je ne passerai pas sous silence un brave Anglais, John Ball, *président du club des Grimpeurs,* dont le nom s'est déjà trouvé plus d'une fois sous ma plume. Il est bon botaniste. La recherche des plantes n'est pas seulement son affaire; il veut mériter le titre de chef des plus intrépides grimpeurs anglais.

M. John Ball est taillé pour grimper. De belle taille, maigre, vigoureux, il a l'une de ces bonnes figures britanniques où l'assurance et la finesse se lisent à la fois. Sa longue barbe tombante ajoute encore à l'originalité de sa physionomie. Grimpeurs anglais, soyez fiers de votre chef, et maintenez-lui la présidence. Que n'étiez-vous-là pour le voir escalader les montagnes, méprisant les roches les plus escarpées, et s'élançant avec la rapidité et la prestesse d'un chamois sur les plus hauts sommets!

Le docteur, M. Berce et moi avons quitté le mont Cenis à 8 heures du matin, le 2 août; nos bagages, traînés dans une petite charrette, étaient accompagnés par le fidèle Alaria. Nous avions retenu une voiture pour nous conduire à Suze. La calèche nous attendait à Grande-Croix.

J'ai bien compris les amers regrets que cause au chanoine d'Humbert, et aux Savoyards en général, l'abandon fait par notre gouvernement du territoire qui s'étend jusqu'à Grande-Croix. C'est là qu'était, en effet, notre vraie frontière.

On descend jusqu'à Suze les rampes de la montagne.

La route du mont Cenis est un vrai chef-d'œuvre ; elle aurait sufâ pour honorer un règne ; elle n'est que le moindre des ouvrages ordonnés et accomplis par Napoléon le Grand.

L'aspect du paysage reste longtemps le même que celui de Lanslebourg à l'hospice. Les montagnes sont de même formation et présentent les mêmes phénomènes de végétation, les mêmes accidents de coloration et de lumière. Peu à peu elle s'abaissent, on se retrouve dans la région des sapins. Le gouvernement sarde n'a pas assez ménagé ces utiles forêts. On aurait besoin de faire intervenir la commission de reboisement des montagnes, s'il en existe une en Italie. Les flancs dépouillés des *Combes* se ravinent, se dénudent, les torrents nombreux sont plus destructeurs. Les bas-fonds s'enrichissent au détriment des pentes.

Nous avions laissé le haut plateau du mont Cenis presque gelé, nous sentons peu à peu, à mesure que nous avançons, la chaleur revenir. Le vent souffle de la Maurienne ; il nous assure du beau temps. Avant-hier, il soufflait de la Lombardie, c'était signe de pluie, nous en avons eu sur les plateaux élevés.

Nous entendions, lorsque nous cheminions à pied vers Grande-Croix, un bruit singulier, des vibrations sonores. C'était le vent qui se jouait à travers les fils du télégraphe électrique. A vingt-huit siècles d'intervalle, le phénomène des harpes éoliennes se reproduit. Quels progrès ! Qu'on ne dise donc plus : *Nihil novi sub sole !*

On avait traité de fable l'anecdote des harpes éoliennes. Les anciens étaient de profonds observateurs. Bien des faits rapportés par Hérodote, bien des opinions avancées par Aristote, longtemps niés par des historiens superficiels, ont été vérifiés et reconnus exacts par la science contemporaine.

Nous revoyons quelques maigres cultures au bas des Combes. Bientôt les chênes, les noyers, les arbres des pays tempérés apparaissent. Nous descendons rapidement, parcourant les rampes recourbées sur elles-mêmes, ou en forme de lacet. Nous voyons la dernière maison de refuge.

A partir de ce point, le voyageur n'a rien à craindre des tourmentes.

On compte 42 maisons de refuge de Lanslebourg à Suze. Une famille réside dans chacune d'elles pour la sécurité des voyageurs; elle reçoit un salaire de 36 francs par mois.

La porte des maisons de refuge reste constamment ouverte; une lampe, placée en face de l'une des fenêtres, sert, la nuit, de phare au voyageur qui y cherche l'hospitalité et l'y trouve gratuitement. Dès qu'on a passé la frontière, les femmes des cantonniers italiens tendent la main aux passants bien vêtus.

Les maisons de refuge sont distantes l'une de l'autre d'un peu plus de 2 kilomètres. Napoléon Ier les a fait construire; depuis sa chute elles n'ont point été réparées par le gouvernement sarde. Aussi paraissent-elles fort délabrées.

Suze est une assez jolie ville d'environ 2,500 âmes, bâtie près de la Doire qui y reçoit le torrent de la Novalaise. Un peu avant d'arriver à Suze, on apercevait, il y a quelques années, le couvent de bénédictins qui fournissait les religieux appelés à desservir l'hospice du mont Cenis. Le couvent a été *incaméré*, démoli, je crois. J'ai exprimé mes regrets de l'organisation actuelle du service hospitalier au mont Cenis, je ne reviendrai pas sur ce sujet.

La bataille du Pas de Suze, entre Louis XIII et le duc de Savoie, est célèbre; elle fut suivie du traité dit de Suze.

Il existe à Suze un magnifique arc de triomphe en marbre blanc, dédié à l'empereur Auguste. Cet antique monument rappelle l'une des plus grandes figures de l'histoire. De notre calèche, nous aperçûmes la cathédrale romane, dont la consécration remonte à 1028.

Suze gagnera en importance lorsque le percement du mont Cenis sera achevé. Elle deviendra l'entrepôt des marchandises encombrantes de l'Italie septentrionale, qui s'y accumuleront par les divers chemins de fer s'embranchant sur le Victor-Emmanuel, avant de franchir le tunnel du mont Cenis; elle jouera pour l'Italie le même rôle que Modane pour la France.

Actuellement Suze est aussi, dans une très-faible mesure, une ville d'entrepôt pour les produits destinés à entrer en France, soit par la route du mont Cenis, soit par celle du mont Genèvre qui y débouche. Cette dernière route fut, comme celle du mont Cenis, primitivement ouverte par le roi Kotth.

Suze a été prise trois fois par les armées françaises, en 1690, 1704 et 1796, la seconde fois par le maréchal de Catinat, préludant à la victoire de Staffarde.

Après avoir déjeuné à l'embarcadère du chemin de fer Victor-Emmanuel, nous cheminons vers Turin.

La vitesse de nos chemins de fer n'est guère imitée par le Victor-Emmanuel. La compagnie anglaise qui l'a construit est plus fiscale que les compagnies françaises; aucun minimum de bagages n'est accordé au voyageur. Les prix ont été singulièrement augmentés dans ces derniers temps.

Les montagnes, encore hautes à partir de Suze, s'abaissent peu à peu sur la droite, la vallée s'élargit, et les cultures se montrent plus riches. Les champs de maïs, la vigne, le chanvre, se succèdent dans la plaine. Sur la gauche, à longue distance, nous contemplons la haute chaîne du Simplon et du mont Rose, avec leurs glaciers immenses, étincelant aux feux du soleil.

A une heure et demie, nous sommes à Turin. N'espérez pas y trouver nos gares monumentales parisiennes. Celle de Turin a son caractère italien pourtant. Les douaniers polis nous épargnent l'ennui d'une visite, et l'omnibus de l'hôtel Feder nous emporte.

Turin est une fort belle ville de 180,000 âmes, régulièrement bâtie. Les rues se coupent à angle droit. Cela paraît monotone au premier moment. Je ne me plains jamais, je l'avoue, de la rectitude.

La maison de Savoie s'est peinte dans Turin. Elle a presque toujours été droit au but. Si elle a paru suivre quelquefois des voies tortueuses, n'en accusons que sa faiblesse. Partie de bien peu de chose, elle est aujourd'hui souveraine de la plus grande partie de l'Italie. Le système des mariages princiers utiles n'est pas particulier à l'Autriche. La maison de Savoie, lorsqu'elle ne possédait encore que la Maurienne, dont Charlemagne l'avait constituée gouvernante pour la garde du passage du mont Cenis du côté de Lanslebourg, acquit, en 1045, le marquisat de Suze et le Turinois par le mariage d'Oddon, l'un de ses membres, avec Adélaïde, fille du dernier marquis de Turin. Ainsi maîtresse du passage sud et du passage nord du mont Cenis, un pied en Italie, un pied dans la vieille Gaule, la maison de Savoie, devenue portière des Alpes, pouvait chercher à s'étendre soit d'un côté, soit de l'autre. Du côté de la France elle trouva une barrière dans la vaillante race dauphinoise, dont le dernier prince Humbert II, après de douloureuses pertes de famille, se fit moine et légua sa principauté à la France, sous condition que le Dauphiné conserverait sa nationalité, ses lois, et qu'il aurait pour dauphin le fils aîné du roi. Le traité fut fidèlement observé jusqu'à Louis XI, qui, en révolte contre son père, apprit dans le Dauphinois l'art du gouvernement qu'il porta si loin.

Ce dut être un spectacle imposant que celui du dauphin Humbert entrant dans Notre-Dame de Paris, armé de toutes pièces, aux côtés du roi de France Philippe VI, suivi de ses chevaliers, et venant sceller sur l'autel la cession de sa principauté. Le jeune Charles de France, petit-fils du roi, reçut le serment des barons et des représentants des bonnes villes du Dauphiné. Puis, Humbert se dépouilla de ses armes et baisa, une dernière fois, son épée qu'il remit au roi de France. L'évêque de Paris s'avança, lui coupa les cheveux, le revêtit de l'humble robe du moine, et, pendant que les fanfares sonnaient le départ de son heureux successeur, il s'enfonça dans le cloître où la religion lui donna sans doute la force de supporter la perte de sa femme et de ses enfants.

Je ne suis pas si loin de Turin qu'on le croit, en racontant cet épisode. Sans la cession d'Humbert, le Dauphiné eût probablement été conquis par la maison de Savoie, dont la politique était bien supérieure à celle des dauphins du Viennois. Les destinées du sud-est de la France eussent été changées peut-être. A coup sûr, celles de l'Italie l'eussent été ; elle n'aurait pas aujourd'hui pour roi glorieux Victor-Emmanuel.

Je n'entreprendrai pas de décrire Turin. Je ne suis pas de ces touristes intrépides qui parlent de ce qu'ils n'ont pas étudié. Voyez l'*Itinéraire de l'Italie septentrionale*, par Adolphe Joanne : cet excellent livre donne tous les détails nécessaires ; il vous apprendra que Turin compte cent dix églises et chapelles ; c'est bien du luxe pour une ville de cent quatre-vingt mille âmes. Il vous dénombrera les rues, les places, les palais. Ces derniers ne m'ont guère paru beaux, à l'exception de celui du Sénat sur la place du Château, dont la colonnade aurait un faux air de celle du Louvre, si les colonnes laissaient place à une galerie.

La rue du Pô, la principale de la ville, à laquelle

la plupart des autres aboutissent, est une belle artère. Les maisons sont généralement bien bâties, hautes. En avant règnent de vastes arcades, dans le genre des arcades de la rue de Rivoli, mais plus spacieuses. Des rideaux sont tendus contre les rayons du soleil. Elle est pavée en cailloux du Pô, chose qui serait peu agréable pour les piétons, si la commodité des arcades n'existait pas. Une double rangée de dalles en granit s'étend tout le long de la rue pour les voitures. Les chevaux ont le pied rendu sûr par les aspérités du cailloutis.

Le Pô est un fleuve un peu moins large que la Seine. Il ne manque pas d'une certaine majesté. De ses bords nous apercevons la *Superga*, magnifique église construite au sommet d'un mamelon élevé, d'où l'on embrasse tout le panorama de Turin. Elle fut terminée en 1731 sous le règne de Victor-Amédée III ; elle est destinée à recevoir les dépouilles mortelles des rois et princes de la maison de Savoie.

En grandissant, la maison de Savoie n'a pu se contenter de l'abbaye de Haute-Combe. Sentait-elle que, tôt ou tard, ses destinées l'appelleraient à régner sur l'Italie et que la France hériterait de la Savoie ?

CHAPITRE XIII

Turin. — Monuments. — L'église *Corpus Domini*. — La cathédrale. — La chapelle Royale. — Le palais du roi. — Vincenzo Gioberti. — L'unité italienne. — La confédération latine. — La charité turinoise. — La charité française.

Turin est l'une des plus belles villes de l'Europe. Il a vraiment grand air avec ses vastes rues, ses hautes et élégantes maisons, ses églises à chaque pas, ses places nombreuses, spacieuses, disposées avec art, encadrées par des maisons superbes ou des monuments publics. Les édifices en pierre sont rares. La brique est surtout employée. J'ai parlé du palais du Sénat : celui de la Chambre des députés est assez imposant.

La république de 1848 avait répudié le faisceau et la hache. La monarchie italienne a conservé la hache à la hampe de son drapeau. Je n'aime pas les miévreries; elle a bien fait. Le glaive est l'apanage de l'autorité et la sanction des lois dans nos sociétés tourmentées.

J'ai dit un mot des cent dix églises ou chapelles de Turin. M. Berce et moi en avons visité une douzaine. M. Berce est un artiste d'un goût pur. Il me faisait remarquer des beautés ou des défauts qui m'auraient certainement échappé.

La religion en Italie a pénétré profondément les cœurs. Ce peuple artiste a mis sa gloire dans ses églises. Il aime l'éclat et la magnificence, il tombe souvent dans l'excès. Il prodigue le marbre et la dorure. Je prends pour type la petite église *Corpus Domini*. revêtement en marbre antique, colonnes torses en marbre, tableaux, fresques, l'art partout.

L'église métropolitaine, dédiée à saint Jean-Baptiste, est d'un caractère particulier. Elle est en style gothique orné. Nous retrouvons les formes de l'abbaye de Haute-Combe, mais en peinture seulement. La façade n'a rien de remarquable.

On arrive à l'église par une vingtaine de marches. Le vaisseau est vaste. Si l'on n'éprouve pas ce sentiment de grandeur qu'inspire Notre-Dame de Paris, on se sent pourtant dans un temple chrétien.

Derrière le maître-autel s'élève une deuxième église, en forme de dôme, à laquelle on monte par trente-sept marches, soit à droite, soit à gauche de l'autel.

C'est la chapelle du palais du roi. Sa forme semi-circulaire, le dôme qui la surmonte, lui donnent un caractère original. Elle est entièrement de marbre antique.

Le système de construction du sommet du dôme est étrange. Nous n'avions jamais vu, rien pressenti de pareil. Le jour s'obtient par les intervalles ménagés entre l'entrecroisement des encorbellements. Je ne connais rien des termes d'architecture, je n'ai que le sentiment de l'art.

Plusieurs tombeaux règnent autour de la chapelle : on remarque celui d'Emmanuel-Philibert, dont la statue équestre, de Marochetti, décore l'une des places principales de la ville. Nous avons vu cette statue exposée dans la cour du Louvre, où elle a obtenu de précieux suffrages.

Le tombeau de François-Thomas, prince mort en 1756, est aussi digne d'attention.

Je ne dois pas passer sous silence le tombeau d'Amédée VIII. Le roi Charles-Albert a fait ériger ces tombeaux. Prince de Carignan, il commençait une nouvelle branche de la maison de Savoie et honorait les princes de la branche morte.

Le morceau capital est le tombeau de Marie-Adélaïde, femme du roi régnant, décédée en 1856. La statue assise, plus grande que nature, est d'un style élevé.

La chapelle communique de plain pied avec le palais royal. Nous pénétrons dans la salle des gardes, ornée de fresques intéressantes représentant soit des allégories, soit des scènes de la vie des premiers princes de la maison de Savoie. Nous retrouvons Beroldo, le premier comte de Maurienne, dont j'ai déjà parlé. Cette salle des gardes est vaste et rectangulaire. Quelques serviteurs à la livrée royale, livrée fort simple, s'y promènent en causant; deux soldats montent la garde à l'entrée des appartements. Il ne doit pas être difficile d'y pénétrer.

Si nous avions plus de temps, nous essaierions. On nous répondrait, j'imagine : « Sa Majesté déjeune, donnez-vous la peine d'entrer. » Dans ces bons pays monarchiques, la familiarité n'enlève rien au respect. En effet, à notre retour à l'hôtel Feder, nous apprenons de deux de nos compagnons de voyage qu'ils ont visité sans difficulté les appartements du premier étage. Le roi loge au deuxième étage, depuis qu'on est en train de faire des réparations à l'escalier d'honneur, par lequel les bons Turinois montent, sans se soucier des échafaudages, et sans qu'on leur demande où ils vont.

Je n'en finirais pas, si je voulais parler des monuments de Turin que nous avons *aperçus*. Il nous faudrait quelques jours pour visiter tout cela; nous partons à deux heures pour Milan.

Je dirai quelque chose de la statue de Vincenzo

Gioberti, élevée sur une petite place de la rue de l'Académie-des-Sciences, faisant face à la Chambre des députés.

Vincenzo Gioberti est vêtu à la moderne, la main droite passée dans son frac boutonné recouvert d'un pardessus. On ne peut, dira-t-on, rien faire de bien noble avec un pareil vêtement. Détrompez-vous. L'artiste a sauvé la vulgarité du costume par la noblesse de la pose, l'ampleur et la disposition des plis. Le personnage est bien campé, dans une attitude fière et méditative. La tête est belle; ces traits accentués ont de l'élévation et de la force.

Le monument m'a moins frappé que l'inscription qu'il porte.

Je traduis : *A Vincent Gioberti, profond philosophe, vigoureux défenseur de la* SUPRÉMATIE (primato) *et de l'indépendance de l'Italie.*

Ainsi, l'indépendance n'est pas conquise, et l'Italie revendique déjà la suprématie. Pour l'Italie, nous, Français, sommes, comme les autres peuples de l'Europe, encore des demi-barbares. Donnez Rome à Victor-Emmanuel, il ne sera plus roi d'Italie : son peuple le proclamera successeur des empereurs romains avec des espérances sans bornes.

Que les Italiens me le pardonnent, ils sont en train de redevenir une nation : dans l'état actuel de l'Europe, l'Italie unitaire est une utopie.

Un temps viendra où, en face du colosse russe grandissant, de l'Amérique du Nord purgée de l'esclavage et reconstituée, les nations latines sentiront la nécessité, l'indispensabilité de l'union sous une forme fédérale. La France, l'Italie, — *une alors* sans inconvénients pour personne, pas même pour le pape continuant à gouverner de Rome la chrétienté, — la péninsule Ibérique, la Hollande peut-être, quoique appartenant à la race germanique, formeraient, chacune conservant ses lois propres et son gouvernement naturel, une irrésistible confédération. La puissante Germanie, devenue une aussi, soit effectivement, soit fédérativement par des liens plus étroits, serait, avec la Pologne libre, la première tête d'armée contre la Russie. L'Angleterre, destituée d'une prépondérance factice, deviendrait une simple chaloupe à la suite, soit de la Confédération latine, soit de l'Union amécaine. Il lui resterait la gloire sans rivale d'avoir enfanté deux nations colossales, l'Amérique du Nord, et l'Australie grande comme un continent.

Ces événements sont en germe.

Je reviens à Turin : si l'Italie devient une, ayant Rome pour capitale, Turin tombe au rang d'un Dijon grandiose. Cette perspective n'effraie pas le patriotisme de ses habitants.

Le clergé a ici une véritable puissance. On fait la guerre aux instincts dominateurs qu'on lui suppose;

on subit au fond sa domination morale. On a *incaméré* ses biens en partie ; sa richesse est dans la bourse des fidèles. On voit peu de prêtres en soutane ; ils ont les bas noirs, la culotte noire, le gilet noir croisé, le jabot blanc, l'habit noir à grandes basques du dernier siècle. Leur tête est surmontée du tricorne. Une canne de jonc à pomme d'or complète le costume. La liberté italienne leur permet des actes qui ne seraient pas supportés à Paris : de jeunes prêtres se promènent, donnant le bras à de jeunes dames, et les conduisent au café prendre des glaces.

Un assez grand nombre de régiments italiens ont leurs représentants à Turin. Les uniformes ne valent pas les nôtres ; ils ont quelque chose de plus théâtral et sont plus guindés. Les gardes du palais du roi ont un certain chapeau qui, porté en bataille, ressemble beaucoup trop à celui de Polichinelle ; les cavaliers, serrés dans leurs habits qui accusent trop les formes, peuvent être très-bien à cheval. Les *bersaglieri* ont une tenue originale qui nous plaît : ce sont les zouaves du pays, ils en ont la valeur : leur entrain est plus tranquille.

Le hasard nous a conduits près de la municipalité. La statue du prince Eugène, si funeste à la France pour avoir vu ses services méprisés par Louis XIV, décore l'un des côtés de la porte d'entrée. De l'autre côté, est celle de Ferdinand de Savoie, duc de Gênes, mort à la fleur de l'âge. Sous les arcades, mur de droite, la municipalité a fait inscrire sur une plaque de marbre le nom des habitants de Turin morts à l'armée, dans la guerre de 1848-1849, pour l'indépendance de l'Italie. Sur une autre plaque de marbre on lit les noms des Florentins morts pour la même cause dans les rangs de l'armée sarde. Florence, encore tenue sous le joug autrichien par un prince de la maison d'Autriche, ne pouvait rendre elle-même cet hommage à ses glorieux morts.

En rentrant à notre hôtel, nous avons passé devant l'*hôpital royal général de la Charité*. Nous n'avions pas le temps de le visiter. Nous nous sommes arrêtés un instant devant deux tableaux qui ont bien leur intérêt. Ces tableaux indiquent les conditions d'admissibilité à l'hôpital. Nous avons vu avec regret que, pour y être admis, il ne suffit pas de souffrir, il faut, avant tout, être catholique romain, Turinois de la province, ou en train de le devenir par la naturalisation. Les tableaux font connaître chaque jour les lits vacants, par l'exhibition (va pour le mot anglais!) dans des trous ménagés à cet effet, des numéros des lits vides.

Quelle différence entre cette charité restreinte et la charité française, dont il m'a été donné de connaître et d'admirer l'étendue! Chez nous, être malheureux suffit pour être secouru. On ne distingue, ni entre les nationaux, ni entre les étrangers. La religion n'entre pas en ligne de compte. L'esprit de religion, lorsqu'il est exclusif, est la ruine de l'esprit chrétien.

La loi de l'an II, à part quelques regrettables erreurs, a dépassé de beaucoup toutes les conceptions charitables antérieures. Il faut rendre en cela justice à la Convention nationale. Cette grande assemblée n'a pas encore été jugée dans ses institutions charitables. Une inévitable réaction a emporté ses lois hospitalières ; on y revient peu à peu avec correction.

On s'imagine toujours la Convention nationale environnée d'éclairs et lançant la foudre. Un sentiment profondément humain résidait en elle, lorsque les passions du moment n'égaraient pas son jugement.

Je m'arrête, nous allons partir pour Milan. Nous disons adieu avec regret à Turin, où trois jours passés nous auraient permis de faire une large moisson de faits et d'observations. Si j'en ai le temps, cette après-midi, lorsque la chaleur accablante invite à garder la chambre, je décrirai mes impressions recueillies sur la route de Turin à Milan. Verceil, Novare, Magenta! Marius, Charles-Albert, Napoléon III! trois grands noms, trois grandes batailles, l'une sauvant la civilisation romaine, l'autre pouvant perdre l'Italie, la dernière assurant l'indépendance de la Lombardie et servant de préface à Solferino : voilà de nobles sujets qui me font regretter mon impuissance à les décrire !

CHAPITRE XIV

De Turin à Milan. — Verceil. — Napoléon III et la garde impériale. — Novarre. — Destruction des Cimbres par Marius. — Buffalora. — Défaite du roi Charles-Albert. — Magenta. — Victoire des Français, le 4 juin 1859. — Le docteur Fraconti.

Nous partîmes de Turin pour Milan par le train de deux heures. Les montagnes, lorsqu'on quitte Turin, ont encore une certaine élévation. La vallée dans laquelle serpente le chemin de fer est assez étroite; mais, peu à peu, les sommets s'abaissent, la vallée s'élargit, on sent l'approche des vastes plaines du Piémont, qui précèdent les plaines plus vastes encore de la Lombardie. On aperçoit peu de villages. Les stations ne sont pas nombreuses. Les populations se sont agglomérées sur quelques points qui ont acquis dès lors une grande importance. Ceci indique le peu de sécurité dont ont joui les campagnes pendant une longue suite de siècles. Ainsi Chiavasso, troisième station, est une ville de 8,000 âmes, dont les fortifications, élevées à la hâte, peuvent arrêter l'ennemi en marche sur Turin.

La terre est bien fertile dans cette contrée. La culture du maïs prédomine. On fait souvent deux récoltes dans l'année. Nous voyons, en effet, à côté de champs de maïs approchant de la maturité, d'autres champs où le maïs est bien loin d'être en fleurs. Sous l'action du soleil de feu dont nous sentons, nous gens du Nord, si rudement les atteintes, la végétation se développe avec une surprenante activité.

Le peuple se nourrit presque exclusivement de maïs. Son plat favori est une sorte de bouillie nommée *polenta*. La pellagre ne doit probablement pas plus l'épargner que celles de nos populations méridionales qui suivent le même régime. Le vin, il est vrai, n'est pas cher et peut corriger les inconvénients d'une nourriture végétale trop exclusive.

Le système d'irrigation, qui ajoute tant à la fertilité de ces belles plaines, est, pour nous comme pour tous les étrangers, un sujet d'admiration. Chaque propriétaire a droit à une quantité d'eau déterminée, fort abondante. Au moyen de petites écluses et de petits canaux se rattachant aux canaux principaux de dérivation, les eaux se portent là où le besoin s'en fait sentir. Nous voyons des champs de maïs arrosés de la veille, d'autres en train de l'être. L'eau se répand à la base des sillons et s'infiltre dans les racines des plantes. La sécheresse n'est jamais à craindre.

Si l'excès d'humidité a ses inconvénients, il a aussi ses avantages. La culture du riz se fait sur une grande échelle. Nous n'avions jamais vu de riz en épis. C'est assez semblable à de l'orge. L'évolution du riz est rapide : en trois mois et demi il germe, croît et mûrit. Il baigne constamment dans l'eau. Aussi la contrée est-elle malsaine et fiévreuse.

Nous côtoyons de gros villages : Torrazzo, Suluggia, Livorno, Tronsano, Santhia. Nous connaissons le nombre de leurs habitants par celui de leurs clochers. Dans ces plaines, on a suivi à la lettre les règles tracées par l'Eglise : on construit une église pour 1,000 habitants. Il s'en faut qu'à Paris nous soyons fidèles à ces règles. Nous y rendons hommage, autant que possible, en multipliant le nombre des prêtres attachés aux paroisses.

Nous voici à Verceil, ville de plus de 20,000 âmes, sur la rive droite de la Sésia, fondée par Bellovèse, chef gaulois, 603 ans avant Jésus-Christ. La cathédrale est à peu de distance sur notre droite. Elle paraît être de marbre blanc ; elle a quatre clochers décorés par de nombreuses statues. D'autres églises sont en vue ; l'une d'elles est surmontée à la fois d'un antique clocher et d'un dôme très-récemment construit ; des statues en marbre blanc règnent en cordon autour du dôme.

C'est dans les plaines des environs de Verceil que Marius, déjà victorieux des Teutons, défit, l'an de Rome 652, les Cimbres, effroi de l'Italie qu'ils menaçaient d'une submersion totale.

Le système des *Latifundia*, dont, peu d'années plus tard, Cicéron déplorait avec tant d'amertume l'extension démesurée, avait vidé d'habitants libres l'Italie presque entière. Victorieuse des Gracques, l'aristocratie romaine avait accumulé possessions sur possessions. Ses villas couvraient de vastes provinces. Des troupeaux d'esclaves, parqués dans les *Ergastula*, avaient remplacé partout les citoyens libres dévorés par la guerre et l'usure. L'Italie offrait un appât irrésistible aux populations germaniques ou semi-germaniques, semi-gauloises exubérantes, en quête, non de pillage, mais de terres à cultiver.

Sur la foi des écrivains romains, nous nous figurons les Barbares sortis de la Germanie comme des ravageurs impitoyables : c'étaient des cultivateurs errants qui cherchaient à se fixer. De temps à autre, un chef célèbre partait à la tête d'une émigration plus ou moins considérable, suivant le degré de confiance qu'il inspirait. On emmenait femmes, enfants, bétail ; on emportait les instruments aratoires. C'est ainsi que les Cimbres se présentèrent dans les plaines de Verceil, après avoir essuyé une première défaite près de Saint-Jean de Maurienne, où l'on montre encore les restes de la porte *Marane* (de Marius).

Marius, par sa victoire, sauva le monde romain dont l'évolution était loin d'être terminée. Les cadavres des émigrants fertilisèrent les plaines de Verceil. Leurs femmes héroïques préférèrent la mort, pour elles et leurs enfants, aux indignités de l'esclavage.

Les émigrations en Amérique nous donnent l'explication des invasions des Barbares, au moins de celles sorties de la Germanie et des Gaules. Plus de 100 mille individus quittent, chaque année, l'Allemagne pour aller chercher fortune aux Etats-Unis. Des familles, des villages entiers émigrent. Supposez-les réunis en corps d'armée, se dirigeant par terre vers un pays voisin à demi dépeuplé, et demandant des terres soit par achat, soit de force, et vous aurez le secret des invasions antiques.

Les fruits sont pour rien. A la station de Verceil, une jolie marchande nous vend des pêches à un sou la pièce. Elles sont mûres à point et vraiment bonnes. Nous achetons aussi du raisin pour un prix bien minime aux yeux de Parisiens.

A cinq ou six stations plus loin, nous atteignons Novare, ville de 20,000 âmes, d'où se détachent les clochers de quatorze à quinze églises. Novare a donné son nom à cette funeste bataille où l'indépendance de l'Italie faillit succomber. Malgré la parole chevaleresque de Charles-Albert, *Italia farà da se*, l'Italie était impuissante à conquérir, seule, son indépendance. La République française, dirigée par des hommes de bonne volonté, mais faibles et sans vues, laissa succomber Charles-Albert : elle réserva, du moins, l'avenir en menaçant l'Autriche de son intervention armée, si cette puissance poussait plus loin ses succès.

Vaincu, désespéré, Charles-Albert appelle son fils, confère avec lui pendant quelques heures, et quitte l'armée pour aller mourir de chagrin en Portugal. Porte loin de ton pays tes douleurs et tes regrets, prince chevaleresque et magnanime ; ta défaite a plus avancé le moment où l'Italie serait libre qu'une victoire complète !

A partir de Novare, et dans une grande étendue de pays, règne en ce moment la désolation. Un orage, accompagné de grêle, a causé d'affreux ravages, il y a une dizaine de jours.

Les lieux témoins de grands événements se succèdent à chaque pas. Voici Buffalora sur le Tessin, témoin de trois batailles. En 1245, les Milanais y vainquirent l'empereur Frédéric II. En 1800, descendus du Saint-Bernard, les Français en chassèrent le général autrichien Loudon, dans leur marche sur Milan. Enfin le combat du pont de Buffalora est l'un des épisodes les plus émouvants de la dernière guerre.

Là, 4 à 5,000 hommes de la garde impériale ont tenu tête à plus de 40 mille Autrichiens pendant plusieurs heures. Là, l'empereur Napoléon III a déployé ce sang-froid impassible, cette *fortitude* qui l'a rendu l'idole du soldat. Le pont a été rebâti en marbre blanc, qui est la pierre du pays. « Combien êtes-vous à Buffalora ? demandait un officier supérieur autrichien prisonnier à un officier français. — 4,000, répond le Français. — En ce cas nous perdons Milan, reprit l'Autrichien. » La victoire de Magenta vérifia, le soir même, le pronostic.

Magenta est une petite ville de 5,000 âmes qui, au douzième siècle, a eu fort à souffrir des ravages de Frédéric Ier. Elle fut littéralement mise à sac.

Magenta a donné son nom à la victoire remportée par nos soldats sur les Autrichiens, le 4 juin 1859. Je n'essaierai pas, quoique le champ de bataille passe en partie sous nos yeux comme un tableau mouvant, de donner une idée de cette lutte héroïque. Pendant qu'au pont de Buffalora la garde impériale soutenait, sans broncher, l'assaut de masses profondes, Mac-Mahon, qui manœuvrait pour tourner l'ennemi, ne voyant pas déboucher les corps d'armée qui, par d'autres points, devaient appuyer son mouvement, n'entendant même pas gronder le canon dans le lointain, mû par l'une de ces inspirations qui ne viennent qu'aux véritables hommes de guerre, ramène ses troupes au pas de course à travers champs, prend pour objectif Magenta, traverse le *Naviglio-Grande*, et, par cette marche hardie et l'attaque la plus audacieuse de la position de Magenta, occupée en force par l'ennemi qu'il culbute, assure le salut de la journée. L'Empereur l'a créé duc de Magenta pour perpétuer le souvenir de ce beau fait d'armes.

La guerre est un calcul de forces physiques et morales ; le général qui possède les deux forces est certain de la victoire. La seconde peut quelquefois suppléer à l'insuffisance de la première, si le général est habile ; mais il est de telles disproportions de nombre qui défient toute habileté. Nous succombons à Waterloo par l'immobilité de Grouchy, nous vainquons à Marengo par la charge du jeune Kellermann et le mouvement de Desaix qui meurt en fixant la victoire. Plus heureux, Mac-Mahon décide celle de Magenta et est tenu par la Providence en réserve pour d'autres triomphes.

Nous avions dans notre compartiment de wagon le docteur Fraconti (Luigi), habitant de Magenta. Entre confrères, la confiance s'établit vite. Le docteur et lui ont été de suite amis. M. Fraconti nous a fait un récit animé de la bataille, il nous a désigné les lieux où l'on s'est heurté, montré les maisons criblées de boulets et de balles que leurs propriétaires ont laissées extérieurement dans le même état, comme souvenir de la terrible journée ; indiqué le point où les quarante pièces de canon du général Auger, placées sur le chemin de fer même, prirent d'écharpe et de flanc les colonnes autrichiennes en retraite et portèrent dans leurs rangs le désordre, l'épouvante et la mort; celui où le général de Sevelinges disposa trente autres pièces de canon, le long de la rive droite du Tessin, au-dessus du pont, croisant leur feu avec les batteries du général Auger. Les noms de la Motte-Rouge, d'Espinasse, de Cler, ces deux derniers tombés glorieusement sur le champ de bataille, ceux de Regnault de Saint-Jean-d'Angely, Mellinet, Vinoy, Canrobert, Niel, Martimprey, Mac-Mahon, de nos héros enfin, pardessus tous le nom de l'Empereur Napoléon, se croisaient dans le récit du docteur Fraconti. Nous étions heureux et fiers d'entendre un Italien raconter leurs hauts faits avec un enthousiasme reconnaissant.

En termes vifs et colorés, avec l'animation italienne, le bon docteur nous dépeignait les impressions poignantes des habitants pendant la lutte, leur joie quand ils entendaient le canon se rapprocher sur la route de Milan. L'invasion sur Turin est arrêtée, la retraite des Autrichiens sur Milan s'effectue. Quel délire, lorsque la bataille fut gagnée! Moments doux et terribles! Puissions-nous, Français, ne jamais les traverser encore! L'indépendance est le premier des biens. Tous les crimes, toutes les sévérités de la Convention nationale s'effacent devant ce fait : elle a sauvé la nationalité française, consacré à jamais notre indépendance et, par elle, celle des autres peuples contre l'ambition des trois grandes puissances du Nord, alléchées par le partage récent de la Pologne.

Les habitants de Magenta achèvent d'élever une pyramide en l'honneur de l'armée française.

La maladie de la vigne est plus forte que jamais, cette année, dans la Lombardie. On n'a pu décider les paysans à soufrer leurs vignes : ils auraient cru tenter la Providence !

Nous arrivâmes à Milan à sept heures du soir et primes gite à l'Hôtel-Royal, l'un des meilleurs de la ville.

CHAPITRE XV

Milan. — Coup d'œil sur son histoire. — Il Duomo. — L'arc de triomphe. — La Scala. — Mademoiselle Fioretti.

Nous voici à Milan.

Je glisserai sur l'histoire de cette grande ville, qui est celle de la formation des royaumes, des communes, des principautés qui ont, tour à tour, brillé en Italie. Deux monarques français, Charles VIII et Napoléon III, marquent, par leur passage en Italie, le premier, l'ère de sa servitude, le second, l'ère de son affranchissement.

Les Lombards font de Milan, en 568, la capitale de leur royaume. Sur l'appel du Pape, Charlemagne, en 774, détruit la monarchie lombarde et la réunit à son vaste empire. La Lombardie passe, deux siècles plus tard, aux empereurs d'Allemagne.

Le mouvement communal du xie siècle constitue Milan en république ; elle devient la tête de la *Ligue lombarde*, confédération de plusieurs villes dans un but de protection mutuelle.

Rome, dans toute sa puissance, avait pu, non sans peine, maintenir l'Italie dans une sorte d'unité municipale, sous le sceptre de ses empereurs dont la guerre sociale avait préparé de loin l'avénement nécessaire. Fidèle à sa nature analogue à celle de la Grèce, ennemie de l'unité, l'Italie se déchira dans des guerres suscitées par les rivalités des communes.

Milan opprime les cités voisines, ses rivales. En 1111, elle rase Lodi. Pavie, Côme, Crémone, dominées par elle, supportent le poids du plus dur despotisme. Ces villes appellent à leur secours l'empereur Frédéric Barberousse, qui prend Milan et le rase en 1162. Dès 1176, Milan, relevé plus brillant, remporte sur Frédéric la victoire de Legnano qui l'arrache définitivement au joug allemand.

Mais ces guerres ont créé des généraux qui aspirent, pour récompense de leurs services, au gouvernement de la république milanaise. Les divisions des Torriani, des Visconti et des Sforza, en préparent la chute. Les Visconti deviennent ducs de Milan. Presque dans le même temps, d'autres familles souveraines se créent à Ferrare, à Padoue, à Mantoue. Les nouveaux princes, ayant pour ennemie l'oligarchie d'épée et de négoce, se font protecteurs du peuple; ils sont généralement amis des arts. Ils réunissent autour d'eux les artistes et, par eux, couvrent l'Italie des chefs-d'œuvre de la sculpture et de la peinture.

Les Sforza remplacent les Visconti sur le trône ducal de Milan. Cette famille, dont l'origine est toute populaire, règne tumultueusement de 1464 à 1535. C'est l'un de ses membres, usurpateur des droits de son neveu, Louis le More, qui appelle en Italie Charles VIII. Le jeune monarque français entreprend cette expédition de Naples, si brillante au début, si malheureuse dans ses conséquences, qui devait se terminer par la victoire préservatrice de Fornoue.

Il faut voir, dans l'historien Guichardin, la description de l'armée de Charles VIII et de sa puissante artillerie formée par les frères Bureau, sous Louis XI. La mort prématurée de Charles VIII lègue à son successeur Louis XII, et à François Ier, pour la succession du Milanais, ces guerres d'Italie qui animent d'un si vif éclat le règne de ces deux souverains et donnent aux Français le goût des arts.

La capture de François Ier à Pavie a pour effet de constater les progrès irrésistibles qu'a faits la nationalité française. La France dénie à son roi prisonnier le droit de démembrer la monarchie pour le salut du prince. Le petit-fils de Charles le Téméraire ne pourra relever la maison de Bourgogne.

Si les guerres de religion, succédant aux guerres italiennes, voient s'éteindre notre influence politique sur l'Italie, nous continuons à subir l'influence de l'Italie artistique et politique par Catherine de Médecis et, plus tard, par Marie de Médecis.

La première a laissé, chez nous, un renom de cruauté et de noirceur. On lui attribue le crime social de la Saint-Barthélemy. La postérité, mieux informée, révisera ce jugement.

Cependant le Milanais, après avoir été espagnol, enfin autrichien, rentre, par la Révolution française, dans le cercle de notre influence. A la suite des immortelles campagnes de 1796-1797, Milan devient la capitale de la République cisalpine, peu après du royaume d'Italie.

La chute du grand Empereur fait passer, de nouveau, le Milanais sous le joug détesté de l'Autriche. De 1815 à 1848, des conspirations, sans cesse renaissantes, accusent le mal profond qui travaille les esprits. Elles sont une juste protestation contre les traités de 1815 qui ont associé deux peuples antipathiques sous le même monarque, les Italiens et les Autrichiens.

Notre révolution de 1848 devait avoir, à Milan, un retentissement considérable. Dès le 18 mars 1848, le peuple milanais se soulève et, après cinq jours de combats de rues, chasse les Autrichiens. La guerre de l'indépendance est commencée. Charles-Albert entre en campagne, abandonné par les hommes sans portée qui ont osé prendre en main la direction de la République. Victorieux d'abord, il éprouve des revers. Malgré une honorable défense, Milan dut rentrer sous le joug autrichien, et se croire voué, par la défaite de Novare, à une longue période de servitude. Mais Napoléon III, plus politique que les chefs de la République, par la foudroyante campagne de Magenta et de Solferino donne à l'Italie septentrionale l'indépendance et la liberté sous un roi chevaleresque, dont la dynastie a poussé dans les cœurs italiens de profondes racines.

Puisse Milan trouver le repos, la gloire, la liberté, la richesse! Puisse-t-il ne pas justifier la renommée d'inconstance qu'il partage d'ailleurs avec Paris, auquel, de toutes les villes de l'Europe, il ressemble le plus par les mœurs aimables et le sentiment artistique de son peuple!

Qu'on ne me demande pas une description de Milan. Il faudrait avoir observé davantage. Je dirai seulement mes impressions. Milan a bien plus l'air d'une capitale que Turin. Il n'a pas la régularité un peu froide de cette dernière ville. On sent en Milan le résultat d'une croissance longue et agitée. Le style de toutes les époques a déposé son cachet sur les monuments et sur les maisons. Les rues sont généralement étroites et affectent les formes tortueuses ou arrondies, comme dans les villes du moyen âge, obligées de pourvoir aux nécessités de fréquentes défenses. Elles sont pavées en cailloux du Pô; mais, comme à Turin, comme dans les autres villes de la Lombardie, sans doute l'inconvénient du cailloutage est compensé par l'apposition d'un double ou triple rang de grandes dalles ou de trottoirs dallés, de niveau avec le sol de la rue, qui facilite la traction des voitures et la marche des piétons.

Les maisons sont hautes. Un grand nombre ressemblent plus à de vieux édifices publics qu'à des constructions particulières.

La plus extrême liberté règne partout. Le peuple n'en paraît pas abuser. Nous n'avons vu aucun agent de police.

Il existe entre la classe éclairée et le peuple proprement dit une ligne de démarcation plus tranchée qu'en France. Les ouvriers, les *fachini* (1), comme on dit ici, n'ont point la fierté ou la morgue de nos ouvriers. On ne peut pas dire qu'ils aient de la bassesse. Ils acceptent la soumission comme chose qui vous est due; mais quels terribles mendiants! Vous regardez en passant un homme proprement mis : il

---

(1) *Fachino* se traduit bien par le mot travailleur, *celui qui fait*. Comme les fachini ont généralement l'air humble, servile et fin, de fachino nous avons fait *faquin*.

vous salue et tend la main avec un agréable sourire. Votre refus ne l'humilie point.

Milan est la ville des fleurs. De jolies bouquetières déposent devant vous, attablé devant un café, soit une branche de citronnier, soit un œillet avec quelques autres fleurettes ; vous repoussez l'offre, la jeune fille insiste, supplie, vous quitte, revient. Comment la chose s'est-elle faite ? vous avez le bouquet à la boutonnière, votre sou est dans la poche de l'adroite solliciteuse.

Les journaux ne sont pas chers. Les plus importants se vendent cinq centimes. Le droit de timbre n'existe pas. Les marchands les crient dans les rues, les distribuent où ils veulent. L'autorité n'a pas l'air de s'en préoccuper.

Notre Empereur a ses détracteurs à Milan. Il a préféré l'intérêt de la France à celui de l'Italie ! Je ne crois pas ces ennemis bien terribles. Le fanatisme doit être émoussé.

L'Italie espère pouvoir, en quelques années, réaliser une unité que d'autres nations, la France elle-même, ont mis tant de siècles à compléter. Il faut à tout la sanction du temps. Il n'est pas bon que les nations voient accomplir trop vite leurs espérances. Avant d'être digne de tout posséder, il faut s'être montré capable de conserver la fortune acquise.

La population est généralement belle. On rencontre, plus qu'en France, des hommes de haute taille, à l'apparence robuste ; ils n'ont pas la solidité de nos compatriotes. Dans les régiments que nous voyons passer, les petits hommes sont rares. Les soldats ont de la mine, mais ils ne sont pas heureusement vêtus. Les Piémontais ont de tous temps formé de bonnes troupes. Les Milanais, les Toscans viennent ensuite. Les Romains, les habitants du royaume de Naples et des États du Pape ont de la tenue, des prétentions : ils n'aiment guère le sabre.

Les femmes, à Milan, sont ou jolies ou gracieuses. La majorité est habillée de noir. Elles ont d'ailleurs, quelle que soit la couleur de leur robe, la mantille noire léguée par la domination espagnole. Cette coiffure nous plaît ; elle est originale et commode. Les quelques élégantes, mises à la dernière mode de Paris, que nous rencontrons, la tête surmontée d'un chapeau de la meilleure faiseuse, orné de fleurs, de plumes, etc., ne se doutent guère de leur infériorité comparative. Quelles seraient plus jolies sous la mantille ! Combien elles doivent souffrir, empaquetées dans les rubans dont le nœud, sous le menton, empêche la brise de se jouer dans les gazes qui couvrent leur sein ! Assez de critiques, nos marchandes de modes parisiennes m'arracheraient les yeux : heureusement elles ne me liront pas.

Notre première visite a été naturellement pour la cathédrale de Milan, *il Duomo*.

Le Dôme est consacré à Marie naissante (*Mariæ nascenti*). C'est le plus vaste édifice en marbre qui existe. Il mesure intérieurement 148 mètres de longueur ; les cinq nefs ont une largeur de 57 mètres. Il a 64 mètres de hauteur, depuis le pavé jusqu'à la lanterne. Si l'on mesure depuis la place jusqu'à l'extrémité de la statue de la Vierge, placée au sommet de la grande aiguille, on trouve 111 mètres.

Pour la description détaillée, je renvoie le lecteur à de plus experts. Aussi bien, suis-je plus en quête d'impressions morales et de sentiments que de choses matérielles, tant merveilleuses soient-elles.

Marbres, peintures, dorures, chefs-d'œuvre des arts, tout semblerait avoir été réuni pour faire du Dôme la plus magnifique conception humaine, si le mauvais goût ne venait parfois gâter les plus beaux effets.

L'église est riche en reliques : elle est fière de posséder trois des clous de la crucifixion, une des robes sans couture de Jésus-Christ, et le suaire de la sainte Vierge, sans compter d'innombrables reliques de saints. Une chapelle, creusée dans la profondeur du sol, en face du grand autel, et entourée d'une balustrade assez semblable à celle de la corbeille de la Bourse de Paris, est consacrée aux reliques de saint Charles Borromée qu'on voit dans sa châsse, revêtu de ses habits pontificaux. La châsse s'ouvre par un mécanisme mû en faveur des étrangers moyennant une légère rétribution.

Saint Charles Borromée est le saint le plus populaire à Milan. On connaît le dévouement de ce grand évêque, lors de la peste qui désola la cité milanaise. Manzoni, dans son admirable roman les *Fiancés*, a mis en scène saint Charles Borromée et n'est pas resté au-dessous de son sujet.

M. de Belzunce, évêque de Marseille, n'a pas été moins héroïque durant la peste qui a désolé cette ville, le siècle dernier ; sa vie n'est ni moins pure ni moins chrétienne. Nous n'en avons pas fait un saint ; nous lui avons, depuis une vingtaine d'années, élevé une statue sur le soubassement de laquelle les autorités marseillaises ont inscrit à l'envi leur nom, s'associant ainsi, rétrospectivement, aux mérites de ce héros de la religion et de l'humanité !

Au Dôme le baptême est donné par immersion. La cuve, en marbre rouge antique, est surmontée d'armoiries assez ornementées. Des rideaux blancs, tombant d'un baldaquin, font ressembler le tout à un lit de belle dame. Magnificence et mauvais goût, association toute lombarde. Nous aurions été curieux de voir un baptême par immersion : cette bonne fortune nous a fait défaut.

L'église compte 135 clochers, clochetons ou aiguilles. Les statues extérieures sont au nombre de 1,923.

Dans l'intérieur, on compte 679 statues. J'ai relevé dans un cartouche l'âge du Dôme; il a été commencé en 1386.

IL PRINCIPIO DEL DUOMO FU NEL ANNO MCCCLXXXVI.

La chapelle de la Vierge est d'une magnificence qui défie toute description.

Voilà bien le temple du Très-Haut. Le sentiment chrétien est vivant; il a présidé à la conception de l'ensemble, sinon aux détails. Les siècles ont laissé chacun leur empreinte sur le monument. Quelle grande chose que le christianisme, pour avoir inspiré de telles œuvres!

En entrant dans le Dôme, le docteur, s'essuyant le front ruisselant de sueur, nous a rappelé la parole à la Henri IV dont Victor-Emmanuel apostropha le maréchal Vaillant, lorsque, en compagnie de l'Empereur, il venait assister au *Te Deum* solennel célébré en l'honneur de la victoire de Magenta.

Après avoir passé deux heures dans le Dôme, où il faudrait rester huit jours, nous nous sommes dirigés, en voiture et par un soleil brûlant, vers l'arc de triomphe érigé en l'honneur du premier Napoléon et que l'Autriche, en 1815, avait dédié à la Paix. Depuis Solferino, l'arc de triomphe a été rendu à sa destination primitive. On rappelle, sur l'une des faces du fronton, l'entrée solennelle à Milan de Napoléon III et de

Victor-Emmanuel, couronnés des lauriers de Magenta et de San-Martino.

Par cette chaleur accablante, nous ne pouvions espérer d'assister à une représentation du théâtre de la Scala. On est en vacances. Nous avons visité ce théâtre, le plus grand du monde probablement. Il admet 4,000 personnes, qui, toutes, peuvent voir et entendre. Il a six rangs de loges. Le parterre, joint à l'orchestre, donne 1,100 places dont 600 assises, 500 personnes restant debout. On entre au théâtre moyennant un droit fixe de 3 francs, auquel on ajoute la taxe spéciale de la place que l'on veut occuper. Pour avoir un fauteuil, on paye 5 francs. Les quatre premiers rangs de loges ont été achetés à perpétuité par les nobles familles milanaises. Une loge de premier rang coûte 2,000 francs pour une saison de six mois. Chaque étage contient trente-six loges, ayant chacune un salon et un cabinet de toilette. L'orchestre est de 100 musiciens. La scène est immense, elle a le double en étendue du parterre et de l'orchestre réunis. On peut obtenir là de puissants effets. Le gouvernement alloue une subvention de 300 mille francs au théâtre de la Scala.

Le théâtre en Italie suit la loi de division du pays. Il y a des scènes plus importantes dans les grandes villes, telles que Milan, Florence, Venise, Naples; il n'existe pas de théâtre prépondérant dont les productions font loi. C'est un grand avantage. Pour les drames, la comédie et le vaudeville, ne cherchez dans les théâtres d'Italie rien d'original. Les imitations françaises sont à la mode. On traduit purement et simplement Scribe. Avant Victorien Sardou, toutes les pièces, quel qu'en fût l'auteur, étaient attribuées à Scribe.

L'Italie est la patrie de l'opéra. Ses chanteurs, ses cantatrices surtout donnent le ton dans les capitales de l'Europe. En Italie, elles deviennent assez généralement marquises ou comtesses, mais se gardent bien d'abandonner leur nom de théâtre. Quand Paris a consacré leur réputation, elles repassent rarement en Italie. Leur fortune faite, elles mènent la vie de château et se distinguent par leur bienfaisance et leur piété. Ce sont des marquises et des comtesses d'assez bon aloi.

La multiplicité des théâtres et leur égalité relative servent au développement de l'art musical. Les compositeurs trouvent aisément un poëme à bon marché. Un opéra passable, joué dans une ville secondaire, fait rapidement son tour d'Italie ; s'il est très-bon, il passe les monts et se répand en Europe et en Amérique. En France, nous avons seulement trois théâtres de chant : le grand Opéra, l'Opéra comique, et le théâtre Lyrique. Qui pourrait compter sur un succès au Havre, à Marseille, à Bordeaux, ou à Lille pour fonder une réputation durable ? Bien des talents sont découragés par de longs délais. Il y a peu de Mermet.

CHAPITRE XVI

Milan. — Le Jardin public. — Les Français comparés aux autres peuples. — Le mendiant en cravate blanche. — *Il Corso*.

Le soir, nous avons visité le jardin public de Milan. Il s'ouvre sur de beaux boulevards plantés de platanes, et dont la largeur égale celle des anciens boulevards extérieurs de Paris.

Ce jardin est de création ancienne ; il vient d'être rajeuni sur le modèle parisien, avec rochers, eaux vives, massifs, arbres et plantes exotiques. La température méridionale permet de laisser passer l'hiver en pleine terre à la plupart de ces végétaux.

La nuit approchait. Nous n'avons pu nous rendre un compte bien exact de l'ordonnance du jardin où la bonne compagnie milanaise se donne rendez-vous pour respirer l'air frais du soir et entendre la musique militaire. Nous avions avec nous d'excellents appréciateurs : le docteur Boisduval, qui a si longtemps organisé les expositions florales parisiennes; M. Jamin, M. Berce, Henry, dont l'esprit artiste embrasse d'un coup d'œil le pittoresque des choses. Il est donc à regretter que la précipitation de notre voyage nous ait privés du plaisir de revenir au jardin public, dont, nous a-t-on dit, un assez vaste espace est consacré à la culture de plantes médicinales.

Remarquons, en passant, que les Français, s'ils se mettent tard en route, dépassent, en peu de temps, les autres peuples dans tous les genres de l'activité humaine. Florence a eu le premier jardin botanique à la fin du treizième siècle; Milan a suivi, ainsi que les autres villes d'Italie. Notre Jardin des Plantes, après de nombreux tâtonnements, a été fondé définitivement vers 1622, par Guy La Brosse et Jean Robin, arboriste du roi Louis XIII, ou plutôt de Richelieu, le véritable souverain.

Une bonne histoire de Jardin des Plantes est encore à faire. Ce beau sujet a tenté plusieurs écrivains. Tous ont échoué par l'impossibilité où ils se sont trouvés, soit de réunir les matériaux nécessaires, soit de savoir tirer parti de ceux qu'ils avaient réunis. L'histoire du Jardin des Plantes est celle des sciences naturelles. Elle devrait comprendre un résumé des travaux des anciens et une courte notice sur les grands naturalistes de l'antiquité et du moyen âge. Ceci demanderait une érudition profonde, des recherches et des lectures immenses. Il faudrait ensuite prendre le Jardin des Plantes dans ses débuts, le conduire dans ses développements successifs, jusqu'à Buffon, le véritable créateur du Muséum d'histoire naturelle, génie de premier ordre, prodigieux centre où les lumières antiques et contemporaines venaient se condenser pour se réfléchir ensuite sur l'univers civilisé.

Le décret de la Convention nationale qui organisa les sciences par la création de l'Institut et de toutes les branches de l'instruction publique, mériterait un sérieux examen. Jamais plus magnifique programme n'a été offert aux méditations humaines; l'année 1794 est l'année climatérique des sciences. Elle marquera dans les fastes de l'humanité par l'efflorescence scientifique la plus admirable.

Le Muséum d'histoire naturelle reste seul debout avec la constitution qu'il tient de la Convention nationale. On a essayé, plus d'une fois, de la modifier : on n'a pu y réussir. Cette constitution n'est pas sans défauts; elle est peut-être un peu oligarchique. Elle ne donne pas aux professeurs, et surtout à leurs savants collaborateurs en sous-ordre, une situation digne de leur haute valeur. Ce détail peut se corriger.

Le Jardin des Plantes de Paris est incontestablement supérieur à tous les jardins botaniques de l'univers. Réuni au Muséum d'histoire naturelle, il a servi de champ de gloire à tous ces hommes illustres, les Buffon, Daubenton, Lacépède, Vauquelin, les Cuvier, Geoffroy Saint-Hilaire, Latreille, Haüy, les de Jussieu, les Flourens, les deux Brongniart, Duméril, Cordier, Decaisne, les Milne-Edwards, Delafosse, Gratiolet, etc., etc. L'énumération n'aurait pas de fin.

Ces princes de la science ont été ou sont encore les moniteurs scientifiques du monde entier.

Ce qui s'est produit pour notre Jardin des Plantes, nous le retrouvons dans presque toutes les branches de la connaissance humaine. Nous partons tard, nous arrivons vite et des premiers. Je demande au lecteur la permission de prouver ce que j'avance : je serai court.

En arboriculture, par l'Ecole du Jardin des Plantes et celle du Luxembourg, nous dépassons les autres nations. Nos titres de gloire en ce genre remontent à Louis XIV seulement. La Quintinie et quelques autres, chez les Chartreux de Vauvert, dont les cultures embrassaient la totalité des pépinières actuelles du Luxembourg, le père André, ont laissé les meilleurs préceptes.

En floriculture, nous sommes inférieurs à la Belgique et à la Hollande. Bientôt nous les égalerons.

Qui oserait lutter avec nous pour l'ordonnance des

jardins publics? La transformation du bois de Boulogne, du bois de Vincennes, des Champs-Elysées, bientôt des buttes Chaumont et de Mont-Souris laisse à grande distance les plus célèbres promenades boisées de Londres. Ces créations font le plus grand honneur à l'administration de M. le baron Haussmann, sénateur et préfet de la Seine.

Le Nôtre n'avait-il pas, sous le grand roi, par la création du jardin des Tuileries, du parc de Versailles et des jardins de Marly, servi de modèle à toute l'Europe?

En musique populaire, nous battrons les Allemands avant trente ans. A Vienne, à Berlin, mais point en Italie, on peut encore réunir des masses chorales plus imposantes que l'Orphéon de Paris. La province ne reste plus en arrière. Le branle est donné dans les campagnes : bientôt nos paysans, sortis des écoles primaires, se mettront à l'unisson des villes, et la faculté musicale qu'on nous déniait, se développant de plus en plus, fera de nous un peuple de musiciens.

Notre Opéra date du cardinal Mazarin. Les Italiens avaient des Bouffes longtemps avant que leur compatriote fût devenu premier ministre d'Anne d'Autriche. Un grand musicien vient aujourd'hui chercher à Paris le sceau de sa réputation. Meyerbeer, Rossini, Verdi, Donizetti, avant eux Gluck,

Piccini, Cherubini, Spontini se sont faits nos compatriotes pour être immortels. Ce dernier est mort pourtant maître de chapelle du roi de Prusse, qui nous l'avait enlevé après le succès de la *Vestale*.

Nous avons inventé l'opéra comique.

Dans les arts plastiques, nous sommes sans rivaux. On ne surpassera jamais l'ancienne école italienne. Aujourd'hui, nos peintres, nos statuaires, nos graveurs emplissent le monde de leur renommée.

En industrie, les Anglais nous dépassent encore sur beaucoup de points; nous les dépassons sur beaucoup d'autres. Pour le goût, la magnificence, l'article d'art et de fantaisie, ils nous sont décidément inférieurs.

En commerce, ils nous battent et nous battront longtemps encore; mais nous marchons à pas de géant, et nous les atteindrons. La Banque de France vaut bien la Banque d'Angleterre; elle est même plus riche en numéraire.

Cette abondance de numéraire, disent les Anglais, est une cause d'infériorité. Certains de nos compatriotes ont la bonhomie de répéter cette absurdité. N'est-ce pas de la part des Anglais l'opinion du renard qui, n'ayant pas de queue, veut persuader à d'autres renards que leur queue est un embarras?

L'Angleterre a-t-elle quelque chose de comparable au Crédit foncier, au Crédit mobilier, à la Caisse des travaux publics, au Comptoir d'escompte et à toutes ces institutions qui multiplient les sources du crédit? Elle a les *joint stock banks*, les *clearing houses*. Elle a le chèque inventé par les Américains; nous commençons à l'avoir aussi.

Les institutions de crédit ne peuvent pas être les mêmes partout; elles dérivent de la constitution sociale. Chez nous, elles ont une tendance démocratique; en Angleterre, elles ont pour but de favoriser la concentration de la richesse. Nos puissantes compagnies de chemins de fer sont supérieures aux compagnies anglaises; elles gagnent de l'argent là où les autres en perdent. Nous avons inventé la mutualité dans l'assurance. L'Angleterre n'abandonnera jamais l'assurance à prime fixe.

Pour l'agriculture en grand, nous baissons pavillon devant l'Angleterre. Nous ne sommes pas aussi bien outillés; l'agriculture chez nous n'est pas encore passée à l'état d'*industrie*. Nos agriculteurs n'ont pas à leur disposition d'aussi nombreux capitaux. La propriété morcelée ne permet pas ces vastes essais, ces belles expériences dont nos voisins sont fiers à bon droit. Toutefois, notre agriculture a des avantages inestimables, dérivant du morcellement même des propriétés. Nos vingt-cinq millions de paysans ne sont point serfs : ils sont en majorité propriétaires. On ne brûle pas en France les maisons des fermiers pour les évincer plus vite. L'application du système d'éviction par le feu, *clearance system*, en usage dans les îles Britanniques, s'il était appliqué en France, conduirait les lords au bagne, comme incendiaires.

Les lettres sont notre triomphe. Mettant à part les écrivains du grand siècle, dont les œuvres sont le patrimoine du genre humain, voyons le présent. Nos auteurs dramatiques ne sont ni des Molière, ni des Corneille, ni des Racine : leurs pièces se jouent sur tous les théâtres du monde chrétien. Je ne suis même pas sûr que les Chinois ne travestissent pas Scribe et les autres à leur manière. Les Anglais, les Américains, les Allemands, les Hollandais, les Espagnols, les Portugais, les Italiens les accommodent bien à leurs goûts particuliers. Les Russes ont l'esprit de les jouer en français.

Dans le roman, par l'invention, l'ordonnance et le style, George Sand occupe, sans conteste, le premier rang dans les deux mondes.

Nos historiens, les Jomini, les Thiers, les Guizot, les deux Thierry, Michelet, Henri Martin, Duruy, sont les premiers de l'époque. Le premier Thierry, surpassé plus tard par le second, a donné la bonne méthode d'écrire l'histoire. Son école fleurit partout. Bancroft, Prescott, aux Etats-Unis, sont ses disciples. Washington Irving appartenait, lui, à l'école de Robertson. Macaulay, le docteur Milmann, Mariavale, en Angleterre, suivent les préceptes d'Augustin Thierry.

Chez les Allemands, de Groott marche en boitant sur ses traces. Le russe Karamsin n'est pas même un annaliste : c'est un flatteur ; il écrivait sous Catherine II.

Si nos philosophes contemporains ont la bonté de reconnaître des maîtres en métaphysique dans la Germanie, au moins leur doctrine n'est pas matérialiste.

Pour la jurisprudence et la philosophie du droit, nul peuple ne peut nous opposer un rival de M. Troplong, de M. Demolombe, ou de l'aîné des trois Dupin.

Si nous entrons dans le domaine des idées religieuses, où voit-on un clergé plus respectable que le clergé français ? La secousse révolutionnaire du dernier siècle l'a régénéré. Pour les lumières, l'érudition, le style, la vertu, l'évêque d'Orléans, Mgr Cruice, évêque de Marseille : le père Gratry, l'abbé Freppel, etc., etc., sont des prêtres incomparables. On s'étonne qu'ils défendent avec tant d'ardeur le pouvoir temporel du pape : veut-on qu'ils l'attaquent, étant prêtres ?

Les nations étrangères peuvent-elles nous opposer dans les sciences des hommes tels que MM. Claude Bernard, Pasteur, Sainte-Claire Deville, Desains, Jamain, Duchartre, Hébert et tant d'autres ? Les soirées de la Sorbonne ont fait défiler ces savants hommes devant un auditoire enthousiasmé. Que les Allemands ne citent pas M. de Humboldt ; il était Français, quoique né Prussien, par l'esprit et la méthode. Sauf le

Cosmos, qu'il a fait traduire sous ses yeux dans notre langue par M. Faye, pour en faire un livre européen, il a écrit en français tous ses livres.

Je parle de notre langue : son universalité n'est pas contestée. Depuis Louis IV, elle est la langue diplomatique. Pour être lu dans la chrétienté, un livre doit être écrit ou traduit en français.

Après cela, je néglige l'armée. Nos adversaires la connaissent.

Notre marine attend son heure.

Au reste, les deux découvertes qui sont en train de changer la face du monde sont nôtres. Papin a, le premier, connu la puissance de la vapeur. La télégraphie électrique est fille du mathématicien Ampère.

J'en veux à cette école, née sous la Régence, contemptrice de l'idée sagement démocratique et progressive, complice de nos revers, qui, depuis soixante-quinze ans, s'efforce de nous modeler sur les Anglais, et de constituer en France, malgré les négociants, les industriels et les banquiers eux-mêmes, sauf quelques pauvres cervelles entêtées de vanité, une aristocratie mercantile, industrielle et banquière, dominant à la fois les savants, les artistes, les lettrés, la vieille noblesse et les classes vouées au travail des bras.

Cette école a déteint, depuis quarante ans, sur notre littérature et en aurait fait quelque chose de sans nom, si le bon sens de nos écrivains et le goût public n'eussent réagi contre elle. Ses coryphées en littérature ont cru être novateurs ; ils sont remontés jusqu'à Ronsard et Dubartas. Ils prônent sans cesse Shakespeare, le mettent au-dessus de Corneille et de Racine. On ne les écoute plus ; on commence à leur rire au nez. Le peuple français s'en tient au jugement de Voltaire ; pour lui, Shakespeare est « un barbare de génie. »

A quoi tient notre supériorité présente ou future en toutes choses ? A la perfection relative de nos lois et institutions civiles, à notre incomparable unité, et aussi à ce sang gaulois fier, intrépide, adorant la bataille : artistique, littéraire, scientifique, industrielle, commerciale, agricole, horticole, par-dessus tout à la baïonnette.

Parfois, découragés, nous tombons au-dessous de nous-mêmes. Notre bouteille de Leyde est épuisée ; elle se recharge rapidement de fluide nerveux et, après avoir semblé déchus, après avoir été en butte aux railleries de nos voisins qui croient à notre abdication, nous nous retrouvons, sous un bon chef, plus forts, plus énergiques, en avant des autres peuples.

Les Gaulois ont mis la main à toutes les révolutions morales de l'humanité. Pour remercier César de leur avoir donné la passion de l'unité, ils l'ont aidé à renverser l'aristocratie romaine, vengeant les provinces de la plus épouvantable oppression (1). Ils ont, avec Constantin, assuré le triomphe du christianisme. Si, avec Julien, ils ont réagi contre leur propre ouvrage, c'est que Julien ne leur avait pas livré sa pensée.

Devenus Français sous Clovis, ils ont abattu l'arianisme, essai de transaction bâtarde entre le vieux paganisme et l'idée chrétienne. Ils ont soutenu, avec les successeurs de Clovis, les papes dans leur lutte contre la force brutale. Ils ont élevé une puissante monarchie qui longtemps porte-étendard du progrès, avait fini par tomber en décadence. Alors, par les lettres, les arts, une philosophie contestable sans doute, à coup sûr généreuse, ils ont préparé dans les idées, puis accompli dans les faits, la grande révolution française dont les bienfaits, si cruellement achetés, ne sont plus niés, même par ceux qu'elle a combattus.

Pourquoi donc, ayant tous ou presque tous les genres de supériorité, les Français sont-ils les premiers à

(1) Si César n'eût pas conquis les Gaules, elles eussent été conquises par les Germains. Dans l'état d'anarchie où étaient les diverses tribus gauloises, elles n'auraient pu résister à la pression germanique s'exerçant, à coup sûr, d'abord par les armes, ensuite par la prise de possession et la culture des terres.

Le département actuel du Doubs était déjà entamé.

Au lieu de la nation française, gallo-romaine, il y eût eu, sur notre sol, une nation gallo-germanique. La civilisation latine eût sombré; les progrès du christianisme eussent été entravés. Nous en serions à peine aujourd'hui aux débuts du moyen âge; il n'y aurait pas eu de langue française, cet instrument littéraire et scientifique universel.

dénigrer leur pays? Ce n'est pas fausse modestie. Cela tient à leur esprit d'extrême sociabilité ; ils veulent être agréables aux autres peuples. Ils n'ont pas la fastueuse estime d'eux-mêmes qui possède les Anglais. L'Anglais tire vanité de ses propres défauts et les érige en vertus. Nous connaissons les nôtres, nous les exagérons ; nous taisons nos qualités : les autres nations nous prennent au mot.

Grands si nous nous comparons, nous nous jugeons petits en raison des progrès qui nous restent à accomplir.

Voyagez, voyagez, mes chers compatriotes. Voyez, examinez, pesez, comparez. Plus vous aurez parcouru de contrées, vu de peuples, étudié leurs lois et coutumes, considéré leur passé, leur présent, pesé leurs actes, comparé avec les nôtres les mérites dont ils sont le plus fiers, moins vous serez éloignés de répéter avec le poète :

« Plus je vis l'étranger, plus j'aimai ma patrie. »

Estimons-nous à notre vraie valeur, et sachons bien que, nulle part, nous ne trouverons rien qui vaille la France.

Depuis que Napoléon III a entrepris la tâche glorieuse de refaire Paris, toutes les villes de France, et on peut dire d'Europe, sont entrées en noble émulation. Milan est encore en retard. La place du Dôme est mesquine et vieillotte. La place en avant de la Scala ne l'est pas moins. Le palais royal a l'air d'une vaste bicoque. L'arc de triomphe élevé à la gloire du premier Napoléon, et que les Autrichiens, après 1815, avaient consacré à la Paix (des tombeaux, sans doute), ne vaut certes pas l'arc de triomphe érigé en projet sur la place du Trône à Paris. Je n'ose, après cela, établir une comparaison avec l'arc de triomphe de l'Étoile.

J'ai parlé de la mendicité en Italie. Pendant que nous parcourions le jardin public de Milan, je laissai tomber, par mégarde, quelques pièces de mon portefeuille. Un homme proprement vêtu, en cravate blanche, les ramassa et, me les ayant remises, tendit la main. Je compris son intention et, voulant lui donner une leçon de dignité, je me contentai de la lui serrer. Il sourit sans rougir. Évidemment il eût préféré une politesse moins cérémonieuse.

Nous revînmes par le Corso, rue jugée magnifique à Milan. Elle a la largeur de la rue Montmartre. Quelques maisons neuves sont monumentales; les autres sont anciennes et sans élégance.

CHAPITRE XVII

De Milan à Gênes. — Les générations spontanées. — Pavie. — Les Longobards. — Alexandrie. — Marengo.— La bataille de Novi. — Les Apennins.

Milan marque le point extrême de notre voyage. Le docteur et M. Bercé retournent à Paris par Turin, le mont Cenis, Chambéry et Mâcon. Henry et moi, nous décidons de visiter Gênes, puis Nice, en prenant la route de la Corniche. De Nice nous gagnerons Paris par Toulon, Marseille et Lyon.

Le chemin de fer de Milan à Gênes traverse un pays tout historique. Nous, Français, n'y pouvons faire un pas sans sentir se réveiller en nous des souvenirs de gloire ou de revers.

La contrée est fertile, tout en plaines jusqu'à Pavie. La culture principale est le maïs, le riz et la vigne. Les mûriers sont abondants. Nous avons avec nous un Italien instruit, et sa femme, assez jolie personne. C'est un partisan effréné des générations spontanées. Il nous dit avoir écrit plusieurs brochures pour défendre la théorie de M. Pouchet, dont les hypothèses ont eu tant de retentissement et ont laissé indécise l'Académie des sciences, jusqu'au moment où M. Pasteur a, par d'ingénieuses expériences, victorieusement désarçonné son adversaire.

Nous déclinons notre compétence, avec tendance à l'opposition contre la production possible des générations spontanées. L'Italien tient à nous convertir. Il me prête une brochure contre M. Pasteur. L'arrivée du convoi à Alexandrie et la nécessité de changer de wagon, me forcent d'en interrompre la lecture. A vrai dire, je n'ai pas été fâché de m'éloigner de l'Italien. Cet homme, jeune encore, évidemment fort instruit, est absolu dans ses opinions, tant scientifiques que politiques. Nous n'eussions pu longtemps nous entendre. Comme la plupart des Italiens lettrés et attachés au parti ultra-libéral, il est fier de son origine italienne, méprise tout ce qui n'est pas italien, et déteste particulièrement les Français, en raison des services mêmes qu'ils ont rendus à son pays.

Après avoir côtoyé la Chartreuse de Pavie, que les étrangers simplement touristes ne manquent pas d'aller voir, mais que nous sommes forcés de négliger, nous apercevons bientôt Pavie, qui a donné son nom à l'une des plus funestes batailles dont la France ait gardé le souvenir. La prise de François Ier et le traitement si peu chevaleresque qu'il reçut de Charles-Quint, le traité de Madrid, que la France refusa de ratifier par l'abandon de la Bourgogne au petit-fils de Charles le Téméraire, sont dans toutes les mémoires. Le vaillant Lautrec vengea sur Pavie, en la livrant, une semaine entière, au pillage de ses soldats courroucés, la joie extravagante que cette ville avait manifestée à la nouvelle de la captivité de François Ier. Bonaparte, en 1796, faillit brûler Pavie pour la punir d'un commencement de révolte. Pavie est célèbre par son université ; elle a vu naître Lanfranc et Cardan. Elle a été l'une des villes des Insubres, tribu gauloise qui, à la suite de l'expédition de Brennus sur Rome, fonda des établissements dans le nord de l'Italie.

Nous remarquons le pont bâti sur le Tessin par Alcuin, roi des Longobards, dont Pavie était la capitale.

Disons, par forme de parenthèse, que les Longobards ont laissé une honorable réputation dans l'Italie septentrionale. Ces barbares étaient vraiment de bonnes natures. Ils ne prirent que les terres publiques ; les particuliers conservèrent leurs propriétés. En peu d'années, les Longobards s'assimilèrent aux vaincus, fort heureux de l'être. Leurs rois étaient grands bâtisseurs et point tyrans.

En Espagne, les Visigoths, débarrassés des Vandales passés en Afrique, où les appelait imprudemment le comte Boniface en révolte contre l'empire romain, se conduisirent aussi honnêtement, faisant honte aux Romains, leurs prédécesseurs, avares et fiscaux. Les rois visigoths sont restés vénérables dans la mémoire des peuples.

Dans les Gaules, nous n'avons point eu à nous plaindre des Francs, puisque nous nous honorons de les continuer sous le nom de Français. Les Burgondes ont donné leur nom à la Bourgogne. Sortis des burgs qui avoisinent Nuremberg, ils étaient presque tous artisans. Ce sont eux qui ont porté dans leur nouvelle patrie l'industrie des jouets d'enfant, par laquelle elle rivalise encore aujourd'hui avec Nuremberg. Peut-on être méchant lorsqu'on travaille pour les plaisirs de l'enfance, cette fleur de l'humanité !

Partis de Milan, à huit heures cinquante minutes du matin, nous étions à Alexandrie à onze heures et demie. La gare est digne d'une ville italienne de 50 mille âmes. On doit féliciter l'auteur de la hardiesse du monument et de l'intelligence de ses dispositions.

Fondée au XII° siècle par la ligue lombarde, la place forte d'Alexandrie eut pour mission d'arrêter les progrès de l'empereur Frédéric Ier et du marquis d Montferrat. Les Gibelins, c'est-à-dire le parti impérialiste et populaire, l'appelaient par dérision *Alexandria de la Paglia,* en raison de ses constructions peu élégantes ; mais la fondation des Guelfes, c'est-à-dire des oligarques mercantiles, partisans des républiques plus ou moins anarchiques, ayant prospéré, garda seulement le nom d'Alexandrie, de celui d'Alexandre III, pape, chef du partie guelfe.

La forteresse d'Alexandrie est l'un des remparts de l'Italie septentrionale. Napoléon Ier en est le vrai créateur. Les Autrichiens, en 1814, détruisirent ses fortifications, à l'exception de la citadelle qu'ils gardèrent ; ils espéraient adjoindre le Piémont à leurs autres domaines et ne rien laisser, en terre ferme, au roi de Sardaigne. Le congrès de Vienne refréna les appétits autrichiens, et la forteresse fut rétablie avec les souscriptions de l'Italie entière, qui pressentait un libérateur dans le petit royaume de Piémont.

A peu de distance d'Alexandrie, on découvre, après avoir traversé la Bormida, le village de Marengo, célèbre par la bataille qui changea, pour quinze ans, la face de l'Italie, la fit entrer dans le système français, et lui donna des lois et des mœurs qui l'ont préparée à l'indépendance et à la liberté. Je reviendrai sur cette bataille, lorsque je m'occuperai du siége de Gênes, où l'héroïsme de Masséna a rendu possible la victoire de Marengo.

Nous atteignons Novi, ville de 10 mille âmes, où les

Français, commandés par Joubert, éprouvèrent une si sanglante défaite le 15 août 1799, de la part des Russes commandés par Souwaroff.

Le Russe avait 60 mille hommes qu'un corps d'armée de 30 mille hommes, sous les ordres d'un prince Gortschakoff, probablement le père de celui qui dirige en ce moment les relations extérieures de la Russie, allait porter à 90 mille hommes. Joubert avait perdu plus d'un mois à Paris dans les ravissements d'un mariage assorti ; il voulut à tout prix prévenir cette jonction, et, quoiqu'il n'eût que 35 mille hommes, il ne craignit pas d'attaquer Souwaroff.

Joubert était un homme de second ordre, jugé trop favorablement par Bonaparte pour quelques heureux faits d'armes et une conception hardie. Bonaparte avait naturellement inspiré sa confiance au Directoire qui, après les fautes et les malheurs de Schérer, avait cru faire le plus heureux choix en donnant à Joubert le commandement de l'armée d'Italie démoralisée.

On a des raisons de croire que le directeur Siéyès, sentant la nécessité d'une modification du gouvernement dans un sens plus concentré, avait choisi Joubert pour son épée, et l'avait envoyé en Italie, pendant l'absence de Bonaparte alors en Égypte, conquérir la gloire nécessaire à l'accomplissement de ses desseins. Joubert n'était point à la hauteur d'une telle

mission. Abandonné à lui-même, il sentit son insuffisance. Il confiait à ses chefs de corps ses appréhensions. « Moi, » disait-il dans le conseil de guerre convoqué pour décider la bataille, « moi qui ai donné
« des conseils à Bonaparte lui-même, je suis sans dé-
« cision ni volonté, je ne vois rien à faire. Je redeviens
« grenadier et vais me faire tuer. » En effet, il se jeta intrépidement à l'avant-garde et trouva, dès le début de la bataille, la mort qu'il cherchait. On cacha tant qu'on le put sa perte à l'armée qui l'adorait; Moreau prit le commandement. Les Français résistèrent aux assauts furieux des Russes; mais, très-inférieurs en nombre, voyant l'ennemi se renforcer sur leur droite, par le corps de Gortschakoff, ils durent songer à la retraite. Elle s'opéra heureusement, pour la gauche et le centre, et devint une déroute pour la droite, tournée par le ravin de Riasco. Les divisions Pérignon et Grouchy, décimées, furent forcées de se rendre. L'armée austro-russe fit, de son côté, des pertes énormes. Si Moreau put sauver la majeure partie de notre armée, la bataille de Novi ouvrit à Souwaroff le chemin de l'Helvétie, où, fort heureusement, les Russes allaient rencontrer l'armée de Masséna et succomber sous les murs de Zurich et sur les bords de la Limath, dans l'une de ces batailles mémorables, desquelles dépendent le salut ou la perte des empires.

Si Masséna, en effet, eût été battu, rien ne pouvait

empêcher, militairement parlant, les Austro-Russes d'arriver à Paris. La Révolution française, non encore assise, avortait. Notre organisation intérieure, nos institutions civiles, notre gloire à son aurore, tout cela périssait prématurément. Nous avions un régime bâtard, où aurait prédominé l'ancien régime, et tant de sang versé pour l'émancipation de la raison humaine l'eût été en pure perte.

Masséna a sauvé militairement la France à Zurich : Bonaparte l'a sauvée moralement par le 18 brumaire. Osons rendre à l'enfant chéri de la victoire l'hommage qui lui est dû. Napoléon est assez grand pour laisser à ses compagnons d'armes leur part de gloire.

C'est près de Sarravalle que commencent les premiers contreforts de l'Apennin. La route ferrée côtoie la Scrivia, torrent actuellement presque sans eau, jusqu'à Ponte-Decimo. Quelle différence avec les Alpes ! Ces monticules ont un aspect sauvage ; ils se renflent et affectent une forme générale de boursoufflure. Ils présentent peut-être autant de difficultés à franchir que les Alpes, dont ils sont la continuation diminuée, comme leur nom l'indique, *Apennini, petites Alpes*.

Les montagnes de la Ligurie sont excellentes pour la guerre de chicane : les *Barbets* nous y ont donné bien du fil à retordre en 1794 et 1795. Elles sont cultivables à leur base, souvent sur leurs flancs, et trop basses pour que le sapin s'y plaise. C'est entre deux rangs de ces montagnes que le chemin de fer se dirige vers Gênes.

Bientôt la vallée s'élargit; nous commençons à voir se dresser sur les coteaux les maisons de campagne. Elles se multiplient plus élégantes, plus belles, aux formes italiennes. Un Génois colossal, resté silencieux, se lève avec enthousiasme : *la mare*, dit-il. Il revoyait la mer et sa patrie, probablement quittée depuis longtemps. Sur une mâle figure l'attendrissement a quelque chose de particulièrement sympathique.

Le chemin de fer pénètre dans la ville, en suivant les sinuosités du port. Nous arrivons enfin, et, peu après, nous sommes installés, Henry et moi, à l'hôtel de la Croix de Malte, dans une double chambre, à je ne sais plus quel étage. Toujours est-il que nous avons cent quatorze degrés à monter, mais nous avons la vue de la mer. Salut donc, Gênes la superbe, république célèbre, rivale de Venise un instant ! Plus heureuse que Venise, tu as gardé ton indépendance italienne, si tu as perdu ton autonomie. L'une des merveilles de la moderne Italie, tu confonds ton histoire avec celle d'une jeune royauté. Ne regrette rien, puisque tu retrouves une patrie agrandie.

CHAPITRE XVIII

Gênes.— Histoire.— Siége de Gênes, rendant possible la victoire de Marengo. — Le système des guerres changé. — Considérations sur l'application des chemins de fer et de la télégraphie électrique aux grands mouvements de troupes. — Influence de ces instruments sur la durée des guerres.

J'entreprends de résumer sommairement l'histoire de Gênes.

Fondée, vers l'an 700 avant J.-C., par les Ligures, Gênes a subi péniblement le joug romain, est restée presque ignorée sous cette domination, et n'a commencé à prendre de l'importance qu'après la chute de Rome. Tour à tour possédée par les Barbares envahisseurs de l'Italie, elle fut comprise enfin dans l'empire de Charlemagne. Quand le système d'unité que ce grand homme eut la vaine prétention de constituer eut croulé sous ses faibles successeurs, Gênes, l'un des débris de l'empire Carlovingien, se constitua en principauté indépendante. Son peuple de marchands, de marins et de pêcheurs forma une orageuse république en guerre avec ses voisins, notamment avec Pise, qui lui disputait l'empire commercial.

De bonne heure, des familles puissantes s'élevèrent dans son sein, et la déchirèrent par leurs rivalités. Guelfe avec les Doria et les Spinola, elle devenait Gibeline avec les Grimaldi et les Fieschi. Enfin, vers l'an 1200, pour assurer sa liberté, elle se donna un chef, pris parmi les étrangers, sous le nom de *podestat*.

Mais bientôt le peuple renversa cette éphémère organisation et se constitua un gouverneur, sous le nom de capitaine, pris, soit dans la famille des Doria, soit dans celle des Spinola. C'est l'époque de la plus grande gloire des Génois. Leurs relations commerciales s'étendaient. Gênes inventait la banque, se livrait à de lointaines expéditions maritimes, et s'enrichissait par un trafic utile à elle-même et aux autres. Ses grands négociants ou banquiers, les Adorni, les Fregosi, les Guarchi, les Montalti, balancèrent la puissance des familles d'épée, tour à tour en possession du gouvernement. Elle devient Milanaise en 1421, Visconti étant duc de Milan; elle se révolte, se soumet, s'affranchit, étend ses relations commerciales, devient conquérante, courbe sous son influence ou sa domination les pays riverains de la Méditerranée, qui se détachent de l'empire grec et cherchent sa protection contre les progrès des Turcs. La prise de Constantinople par Mahomet II entraîne la ruine des établissements gênois dans le Levant. Au milieu des guerres françaises d'Italie, elle est tantôt soumise à nos monarques, tantôt leur ennemie.

Cette existence orageuse n'arrête pas le cours de sa prospérité. Le commerce et l'industrie réparent ses pertes. Louis XII en prend possession à la tête d'une armée. Le belliqueux Jules II, Génois d'origine, l'arrache aux Français. Enfin, l'illustre Doria, amiral de François Ier, entreprend de rendre sa patrie vraiment libre, en lui constituant une existence nationale. La dignité ducale est fondée. Doria la confère à d'autres, sans vouloir l'exercer personnellement. Il était plus puissant, comme général de la mer, qu'il ne l'eût été comme doge.

Je ne dirai rien de la conspiration des Fieschi, dont Gondi, d'origine italienne, depuis cardinal de Retz et archevêque de Paris, a fait le roman.

Gênes perd la Corse, une première fois conquise par les Français en 1552. Les Turcs, sous Soliman, lui enlèvent l'île de Scio. Duquesne, en 1684, la bombarde par les ordres de Louis XIV, qui force son doge à venir faire amende honorable à Versailles. On a beaucoup vanté Louis XIV, alors dans tout l'éclat de sa maturité, lorsqu'il manda, contre les lois de la République, le doge à sa cour. Le doge répondant au courtisan qui lui demandait ce qu'il avait le plus admiré en France, « *c'est de m'y voir,* » est plus grand que son vainqueur. Sachons être justes, même au détriment de nous-mêmes. C'est en 1768 que la Corse reste, par une cession des Génois, une possession française, au moment même où elle allait enfanter le plus grand des hommes, Napoléon, né en 1769.

Nous entrons dans l'ère de la république française. Nos révolutions devaient détruire à jamais la république génoise et en faire une des villes les plus importantes du royaume d'Italie, en train de se constituer.

Parlerai-je de l'attitude des Génois en 1795-1796, pendant l'invasion de l'Italie par l'armée française sous la conduite de Bonaparte? Faible et irrésolue, partagée entre le parti populaire, ami des Français, et le parti des nobles, ennemi des idées nouvelles, Gênes se débat pour ne pas mourir. Les préliminaires de Léoben ayant rendu à Bonaparte toute sa liberté d'action, il s'occupe de fixer le sort de Gênes et celui de Venise. Leur indépendance succombe à peu de mois de distance. Le vainqueur de l'Autriche leur impose une constitution populaire. Plus heureuse que Venise, par sa situation même, Gênes reste dans notre cercle d'influence ; Venise devient un apanage de l'Autriche.

En 1800, Gênes subit ce siège mémorable qui marque le dernier terme de son existence nationale. Mais, avant de raconter rapidement les péripéties de ce grand siége, qu'il me soit permis d'exposer la succession des faits qui l'ont précédé.

C'est une erreur de croire que l'utile coup d'État du 18 brumaire ait été bien accueilli par les militaires. Les armées françaises renfermaient les éléments républicains les plus ardents et les plus tenaces. Elles avaient fait triompher la révolution sur tous les champs de bataille, malgré des revers partiels impossibles à éviter. Masséna, par la double victoire de Zurich et de la Limath, avait préservé la France mise en péril par l'armée austro-russe de Souwaroff.

Lorsque la nouvelle du 18 brumaire parvint à l'armée d'Helvétie, devenue tout récemment armée du Danube, les généraux ne furent pas moins étonnés que le soldat; ils s'assemblèrent, il fut un instant question de marcher sur Paris. Le général Soult, l'heureux lieutenant de Masséna sur la Limath, était l'un des plus ardents promoteurs de cette détermination. Plus calme, Masséna conseilla l'attente. Bientôt Roger Ducos, envoyé par Bonaparte pour éclairer l'armée, arriva et fit comprendre au général en chef et aux autres généraux le véritable sens du 18 brumaire. Il leur montra la Révolution sauvée, leur gloire, leurs honneurs hors de péril, la nation régénérée par un grand homme, asseyant, par un gouvernement stable, la puissance effective et morale de la Révolution. Masséna aimait et admirait Bonaparte. Toutes velléités de révolte cessèrent. Le général Lecourbe, seul, persista dans son opposition, et brisa son épée, pour la reprendre en 1815, au moment où les dangers de la France ne laissaient aux hommes de cœur que le devoir de la servir, en oubliant leurs rancunes particulières.

Si le retentissement du 18 brumaire avait été grand en Helvétie, l'armée d'Italie accueillit encore plus mal la nouvelle de cette journée célèbre.

Là, les régiments, encore sous l'influence des désastres de Novi et de la Trebbia, se débandèrent. Officiers, soldats, brisèrent leur épée ou jetèrent, en partie, leurs armes; ils ne voulaient plus servir, croyant la République perdue. C'est pour réorganiser cette armée, presque dissoute, que Masséna en fut nommé le général en chef.

Je ne dirai point combien il eut de peine à y réussir. Son influence personnelle, sa gloire, ses conseils, son autorité justement acceptée, rendirent, peu à peu, son ressort à l'ancienne armée d'Italie, et la remirent en état de se mesurer avec l'ennemi.

Elle occupait précisément l'étendue de cette route de la Corniche que je décrirai plus tard. Dominant la Corniche par les contreforts des montagnes qui la surplombent, elle tenait la longue ligne du Var à Gênes sur u ne surface immense. La gauche, sous Suchet, s'appuyait au col de Tende; Soult, au centre, occupait le col de Cabina, dans les environs de Savone. La droite, commandée par Miollis, était à Gênes.

Nul, dans l'armée d'Italie, ne connaissait les projets du Premier Consul qui préparait, de son cabinet, la victoire de Marengo. Pour assurer cette victoire, il lui fallait un homme : Masséna.

Pendant que, sous prétexte d'un camp de réserve, constitué fictivement à Dijon, Bonaparte formait, sur un autre point, la jeune armée, qui devait déboucher inopinément en Italie, sur les derrières des Autrichiens par le grand Saint-Bernard, il fallait que l'armée commandée par Masséna parût être le seul obstacle opposé aux Autrichiens sous Mélas. Bonaparte n'ignorait pas que cette armée était impuissante à garder sa ligne immense, qui, comme un cordon, serpentait sur les Apennins de Nice à Gênes. Le moindre effort des Autrichiens pouvait la couper en deux. Mais, quoi que fît Masséna, qu'il massât ses troupes pour opposer un front plus redoutable à son adversaire, qu'il restât disséminé, la situation était favorable aux desseins du Premier Consul. L'armée coupée, c'était Suchet sur le Var, suffisant pour repousser l'invasion de ce côté; le centre uni à Miollis, rejeté sur Gênes, c'était un grand siége à entreprendre par l'armée autrichienne; et pendant ce temps Bonaparte, achevant ses préparatifs en silence, avec cette célérité organisatrice qui était dans son génie, avait le temps de déboucher par les Alpes et d'être à Milan, enfermant Mélas entre Gênes et l'armée française.

Un seul effort suffit, en effet, à Mélas pour couper la ligne de l'armée; Masséna, avec le centre et la droite, fut rejeté dans Gênes dont le siége commença. Les Anglais la bloquaient par mer sous l'amiral Keith, tandis que les Autrichiens l'assiégeaient par terre avec plus de 60,000 hommes.

Pendant soixante-sept jours la petite armée française y supporta, toujours combattant, toutes les horreurs de la famine, inspirant aux Génois une confiance augmentée par l'horreur du nom autrichien.

Ne m'occupant que des résultats moraux, je ne tente pas de décrire cette lutte héroïque, je me borne à en esquisser les traits principaux : Expédition sous Masséna lui-même, avec la division Miollis, pour rétablir la communication avec Suchet; échec de cette expédition, mais reprise, par la colonne du centre et celle de gauche, du mont Ratti avec 1,500 prisonniers. Mise sous le séquestre par Masséna de toutes les provisions existant à Gênes, et distribution de rations au peuple et à l'armée. Attaque générale par les Autrichiens, le 30 avril, pendant que les Anglais faisaient une démonstration par mer; enlèvement du Monte Ratti par les Autrichiens commandés par Ott; blocus du fort Richelieu ; prise du fort Quizzi. Hohenzollern, à l'ouest, pousse une fausse attaque par la Polcevera, enlève le plateau des Deux-Frères en avant du fort Diamant; mais Masséna, pendant qu'il ordonne à Soult de reprendre ce dernier point, marche en personne avec Miollis sur Monte Ratti, en balaie l'ennemi, reconquiert le fort Quizzi, et rapporte triomphalement à Gênes les échelles préparées pour l'assaut par les Autrichiens. La journée était nôtre.

L'infatigable général tente une expédition nouvelle, le 10 mai; il marche en colonne, par les deux revers du Monte Ratti, fait de nombreux prisonniers. Les Autrichiens avaient pris position sur le Monte Creto, au-delà du Monte Ratti : Soult conseille de les en chasser. Chargé de l'opération, il succombe et, blessé grièvement à la jambe, il reste au pouvoir de l'ennemi. Cette blessure devait le laisser boiteux toute sa vie (1).

Ce fut le dernier effort de l'armée française. Les Autrichiens, reconnaissant l'impossibilité de forcer

---

(1) Le général Soult, prisonnier, fut traité avec considération par les Autrichiens. On lui laissa son épée ; mais il eut à se plaindre de la cuisine de l'état-major ennemi. Ces mets allemands lui répugnaient. Aussi, dans la lettre par laquelle il annonçait à Masséna son malheur, le priait-il, par post-scriptum, de lui envoyer son cuisinier, qui, dans le dénûment où se trouvait Gênes, s'y perdait la main. Le cuisinier du général Soult était un artiste culinaire de premier ordre.

une ville où l'assiégé dominait l'assiégeant, se réduisirent à un blocus hermétique, prévoyant bien que la famine leur livrerait l'adversaire.

Jamais Masséna ne fut plus grand que dans sa lutte contre la famine. Il avait inspiré au peuple génois une confiance sans borne, et exalté son moral contre l'Autriche jusqu'à ce point d'horreur qui peut tout faire supporter. On se nourrissait, depuis le 10 mai, d'un affreux pain de seigle, d'avoine et d'orge; encore n'avait-on que demi-ration. On commença à faire des soupes d'herbes, on mangea les chevaux, les chats, les rats. Dans un dîner d'apparat donné à son état-major, Masséna fit servir, comme pièce de rôti, six rats, les derniers peut-être existant dans la ville.

Il avait pour secrétaire un personnage, resté inconnu, dont les talents étaient malheureusement unis à de graves défauts. Jamais à plus d'éloquence on n'allia des vues plus étendues et plus saines. Ses lettres, inspirées par Masséna, et adressées par diverses voies au Premier Consul, sont des chefs-d'œuvre : elles sont écrites sur un ton fier et intrépide. Ni lui, ni Masséna ne pouvaient comprendre le but que se proposait Bonaparte. Les rares réponses qui arrivaient à Masséna l'exhortaient à la patience, à la résistance jusqu'à la mort. Masséna ignorait complétement l'entrée de l'armée française en Italie par le mont Saint-Bernard; connaissant le Premier Consul, il ne pouvait croire à un abandon. Il s'attendait à un grand secours.

Les jours s'écoulaient; la dernière limite de la résistance était arrivée : il fallut traiter. Chose étrange, l'assiégé, dans les négociations, conserva sa supériorité sur l'assiégant. Lord Keith, lui-même, conseilla au général autrichien d'être coulant sur les articles. Du 23 mai au 3 juin, la discussion continua au milieu d'une misère croissante. La capitulation honora le vaincu plus que le vainqueur.

L'armée française quitta Gênes, le 5 juin, avec armes et bagages, tambour battant; elle était réduite à 8,000 hommes et avait fait prisonniers 18,000 Autrichiens.

Il manqua à Masséna d'avoir pu attendre quelques jours encore. Bonaparte était vainqueur à Marengo.

Masséna avait rendu cette victoire possible.

Ce grand guerrier eut de la peine à comprendre qu'en le sacrifiant en apparence, Bonaparte assurait le salut de la campagne. A-t-il été, comme il l'a toujours cru, vraiment sacrifié? Il a acquis une gloire éternelle; aux hauts faits de Zurich il a ajouté la renommée d'une grande patience unie à une ténacité, à une énergie indomptables. On se demande quel est le plus grand, du vainqueur de Loano, de Zurich, du héros de Rivoli, d'Essling et de tant d'autres immortelles journées, ou de l'assiégé de Gênes dictant la loi au vainqueur, et laissant au Premier Consul le temps de préparer les grands résultats de Marengo.

Marengo ne fut pas une bataille de préservation, mais de revendication. Elle serait impossible aujourd'hui. Le génie de l'homme est en possession de forces alors inconnues. La télégraphie électrique ne permettrait pas de garder le secret profond de la marche d'une armée par le grand Saint-Bernard et de son arrivée à Milan sur les derrières de l'ennemi.

Les chemins de fer, la télégraphie électrique imposent de nouveaux devoirs au général. Le système de la guerre est changé. Les événements d'Amérique ne nous ont pas encore complétement révélé l'influence de ces admirables instruments, maniés par un homme de génie, sur le destin des armées et des empires.

Ils rendent faciles de foudroyantes concentrations de troupes sur un point donné, le transport par masse des approvisionnements, des munitions, des équipages, des renforts, des ambulances, l'enlèvement des blessés; ils tiennent le général en communication instantanée avec son gouvernement.

Les guerres seront probablement plus courtes; seront-elles moins meurtrières? D'une part, les longues marches jetaient dans les hôpitaux le cinquième de l'effectif d'une armée : elles sont en partie supprimées. Des souffrances sont épargnées aux troupes par la facilité des approvisionnements et la rapidité du transport dans les hôpitaux des blessés qu'on pouvait si difficilement y conduire en charrettes. D'autre part, les perfectionnements de l'artillerie et les armes de précision multiplient les chances de destruction d'hommes.

L'artillerie à grande portée, les armes de précision « sont surtout terribles de loin, » suivant l'expression si juste de Napoléon III. Il nous reste, à nous Français, la baïonnette, notre arme de prédilection.

Laissons à l'avenir, toujours trop prochain lorsqu'il s'agit de guerres, le soin de résoudre ces graves problèmes.

CHAPITRE XIX

Gênes. — Sa configuration. — Le port. — Coup d'œil sur la ville. — L'ancienne aristocratie génoise. — Son rôle gouvernemental et artistique. — Le palais Durazzo. — La cathédrale — Gênes battue par Marseille.

Gênes est une ville étrange dont l'aspect émeut singulièrement. Elle ne ressemble à aucune autre ville. Déchue de son ancienne splendeur, il lui reste des monuments, des palais, des souvenirs immortels, un commerce encore considérable, et, par-dessus tout, une liberté qu'elle n'avait jamais connue lorsqu'elle était république puissante.

Arrivés par le chemin de fer, nous n'avons pu juger de l'ensemble de Gênes, qu'on embrasse d'un coup d'œil lorsqu'on y aborde par mer. L'amphithéâtre de maisons, de palais étagés qu'elle renferme, n'a pu nous frapper beaucoup. Logés à l'hôtel de la Croix-de-Malte, sur le port, il nous fallait regagner nos chambres, à plus de trente mètres d'élévation, pour apercevoir la Méditerranée. Les habitants de l'intérieur de la ville ne se douteraient pas qu'ils sont dans un port de mer, si les marins, les étrangers venus de tous les points du monde, ne circulaient dans ses rues étroites.

La vue du port est cachée, même aux habitants du quai, par les portiques construits en 1839, qui, sur un espace de près de 400 mètres, s'étendent depuis la Douane jusqu'à la Darse, ancien chantier de construction et de radoub des vaisseaux de la république.

Gênes ne peut s'étendre indéfiniment. La singularité de son site a conduit à la comprendre dans un espace limité par l'escarpement des collines sur lesquelles s'appuie sa première enceinte, d'une étendue de 12,630 mètres et qui compte quarante bastions. Les neuf forts détachés complétant sa défense au nord et à l'est, se relient, au sud, par des batteries et une muraille crénelée.

Gênes, ainsi comprimée par ses deux enceintes, doit, naturellement, avoir des rues rétrécies.

Elles sont, en effet, très-peu larges, tortueuses, sans air. Les maisons, fort hautes, font ressembler ces voies à des boyaux de mine. Henry et moi, vieux

Parisiens, habitués au mouvement de Paris, à la circulation d'innombrables voitures, tombions dans un étonnement profond du silence qui régnait autour de nous. Certaines rues avaient une circulation active de gens à pied, d'autres semblaient mortes. Les trois rues principales de la ville, *Balbi*, *Nuova* et *Nuovissima*, voient seules rouler quelques voitures et de rares omnibus. En revanche, elles sont bordées de palais de marbre, sans rivaux dans aucune capitale de l'Europe. Quelles fortunes devaient avoir les fondateurs de ces palais ! Ces grands négociants, ces puissants armateurs, riches comme des rois, dominaient la république et y régnaient en oligarques. Leurs rivalités ont fait tous les troubles de Gênes. Leurs descendants, seuls, regrettent, aujourd'hui, l'indépendance génoise.

Lorsque le congrès de Vienne déchiquetait l'Europe et distribuait les territoires au gré des souverains promoteurs de la *Sainte-Alliance*, l'aristocratie génoise se fit représenter au congrès par le comte de Brignoles-Sale, chargé de revendiquer l'indépendance de Gênes avec son ancien territoire. L'Autriche et l'Angleterre, par des motifs différents, appuyèrent la revendication : la première, dans la crainte que les États Sardes ne devinssent trop puissants ; la seconde, par jalousie maritime. La création d'une marine, même secondaire, offusque toujours l'Angleterre. La

Russie, la Prusse et la France, dont l'habile, quoique bien coupable représentant, savait tirer parti, dans l'intérêt de sa nation, des rivalités des puissances, décidèrent que Gênes et la Ligurie seraient adjugés au roi de Sardaigne. En acceptant l'ambassade de France des mains de son roi, le comte de Brignoles-Sale, avec une honorable franchise, prêta serment de fidélité avec réserve de l'avenir.

Si les oligarques génois étaient, en général, humains et généreux envers le peuple de Gênes, dont ils avaient besoin les uns contre les autres, ils accablaient d'un joug de fer les paysans de la Ligurie, sur lesquels ils régnaient en seigneurs féodaux. L'un d'eux, prince souverain de Monaco, a légué à ses descendants cette principauté microscopique, vendue, en partie, à la France, il y a quelques années, par son dernier prince.

De tous ces palais, nous n'en avons visité qu'un seul, et à la hâte, le palais Durazzo, devenu palais royal, par l'acquisition qu'en a faite le roi de Sardaigne, en 1815. Peu de souverains en Europe possèdent une aussi vaste, une aussi splendide demeure. A l'exception de la salle du trône, aucune de ses pièces n'est parquetée. Le sol est formé d'une mosaïque rouge pointillée de blanc. Il faut avoir le pied génois pour ne point glisser et tomber. Une succession infinie de salles, assez médiocrement meublées d'ailleurs, mais enrichies de tableaux de toutes les écoles italiennes, vous conduit, par divers retours, au point d'où vous êtes parti. On nous a montré la chambre qu'avait occupée l'empereur Napoléon III, lorsqu'il séjourna à Gênes avant de marcher sur Milan.

La famille Durazzo possède encore à Gênes deux autres palais non moins magnifiques.

Si les rues de la ville sont étroites, les places, peu nombreuses, sont aussi très-resserrées. Notre hôtel a une sortie sur une place dite de la Croix-de-Malte, de quarante mètres carrés à peine. Je ne me rappelle plus le nom de la place d'où l'on voit la mer, et que nous avons atteinte après une assez rude ascension.

Sur cette place même s'ouvre un jardin-café relativement assez étendu, où la bonne société génoise se rend, le soir, comme cela a lieu dans toutes les grandes villes d'Italie, pour respirer la brise et entendre la musique militaire. Nous y avons pris des glaces parfaites au prix de vingt-cinq centimes. Le jardin était assez brillamment illuminé : bonne musique, toilettes élégantes, coup d'œil charmant. Les hommes, en négligé de bon goût, avaient presque tous le chapeau de paille, les femmes le voile blanc. La température était fraîche. Nous avons passé là deux de ces heures délicieuses dont le souvenir ne s'efface jamais.

Nous n'avons visité qu'une seule église, la cathédrale Saint-Laurent, qui remonte au onzième siècle. Elle a été restaurée plusieurs fois, en dernier lieu par Galeas Alessi, en 1550. Les puissantes familles génoises prenaient parfois une église sous leur protection ; ils consacraient leurs immenses richesses à la construire, puis à l'embellir.

On célébrait une fête religieuse à la cathédrale de Saint-Laurent au moment où nous y entrâmes. Suivant l'usage génois, de longues bannières élevées sur poteaux annonçaient la fête ; d'autres inscriptions se lisaient sur de larges bandes de soie qui, de la cathédrale, allaient s'appuyer sur les maisons voisines. La magnificence du culte à Gênes est inouïe. Nous étions éblouis des richesses qui s'étalaient devant nous. Les nombreux chanoines, assis chacun dans sa stalle, revêtus d'un manteau rouge de forme antique, ressemblaient, avec leur grand air et leur crâne chauve, à des sénateurs romains. Le recueillement des fidèles était médiocre. On causait assez librement dans l'église.

Les rues sont généralement propres à Gênes. Leur pente étant dirigée vers la mer, les eaux pluviales n'y séjournent pas. Malgré le manque d'air, ces voies rétrécies n'ont pas les émanations qui rendent infectes certaines de nos vieilles rues parisiennes.

Les femmes ne portent pas la mantille noire comme à Milan, elles se couvrent d'une sorte de voile blanc, semblable à celui de nos premières communiantes. Attaché sur la tête par un peigne ou des épingles plus ou moins riches, ce voile se divise des deux côtés et, par ses plis ramenés ou élargis, laisse voir ou cache la figure. C'est une coutume orientale, léguée par l'ancienne république qui, dans ses beaux jours, avait des rapports si fréquents de commerce ou de guerre avec les pays musulmans. Les femmes sont à Gênes assez généralement gracieuses : aussi, le voile ne cache-t-il de la figure que ce qu'on veut bien ne pas laisser entrevoir.

Gênes n'a pas plus de 120 mille âmes. Si l'on ajoute la population de ses faubourgs, elle compte près de 160 mille habitants. Le mouvement du port, importations et exportations, ne dépasse pas 200 millions de francs.

Qu'est devenue la splendeur commerciale d'autrefois, lorsque la banque de Saint-Charles avait toute l'Europe pour débitrice ?

Gênes est battue par Marseille. Depuis que cette dernière ville, dont le budget annuel dépasse 40 millions, s'est en quelque sorte transformée, qu'elle a agrandi ses ports, Marseille tend, de plus en plus, à devenir la capitale commerciale de la Méditerranée. Aussi, Gênes est-elle entrée en haute jalousie. Elle s'apprête à faire des efforts considérables pour lutter contre son émule. Elle va démolir les portiques qui rétrécissent ses quais et les rendent si malpropres. Vain espoir ! Marseille, plus riche et plus active, conservera sa suprématie.

Sur une petite place d'où l'on n'aperçoit pas la mer, cachée par je ne sais quelles bicoques, nous avons contemplé la statue de Christophe Colomb en costume d'amiral espagnol. Je conçois Gênes s'enorgueillissant d'avoir vu naître le grand navigateur. Elle reconnaît ainsi qu'elle n'a pas su deviner son génie. Pour Dieu ! qu'elle mette Christophe Colomb bien en vue de la mer ! grâce à lui, elle ne sépare plus, mais unit les continents !

CHAPITRE XX

La Corniche vue de nuit. — Le jeune Saxon. — Savone. — M. Chabrol de Volvic. —Les tours de refuge. —La conquête de l'Algérie au point de vue de la Corniche. — Les États-Unis d'Amérique et les Barbaresques. — Le *Ponte-Longo*. — Le chemin de fer de Gênes à Nice. — Les palmiers de l'Ermitage de Saint-Romulus. — Arrivée à Nice.

Nous avons quitté Gênes, le 6 août, à dix heures du soir, pour nous rendre à Nice par la route de la Corniche. Depuis que la vapeur a mis Gênes à six heures de Nice par mer, peu de voyageurs se décident à affronter les fatigues de vingt-cinq heures à passer en voiture, pour atteindre cette dernière ville. La voie de mer est d'ailleurs moins coûteuse. Les personnes qui craignent le mal de mer, les touristes amateurs de sites sauvages et grandioses, les écrivains qui, comme moi, se sont occupés d'histoire militaire, montent résolûment dans le Courrier, et sont bien récompensés par les magnificences du panorama qui se déroule devant eux et les souvenirs de guerres qu'il réveille.

Le maître de l'hôtel de la Croix-de-Malte, je le suppose Français, a voulu nous accompagner jusqu'au bureau du courrier. Cet empressement nous a touchés. Malheureusement, nous avons appris depuis (c'est une calomnie, je le crois) que l'administration lui paie, comme à ses confrères, une prime par chaque voyageur qui prend la route de la Corniche.

Nous avons tant souffert de la chaleur, nous sommes si heureux de pouvoir respirer un air frais, que nous avons pris deux places d'impériale. Voulant jouir du paysage, nous n'avions rien de mieux à faire. Henry grimpe comme un chat sur ce siége élevé; rendu plus lourd par l'âge, je me fais apporter une échelle : cela prête à rire aux gamins qui sont venus assister au départ. Nous avions un compagnon de voyage, jeune homme dont la tenue nous plaisait. Le conducteur, revêtu du costume traditionnel en France, complétait naturellement le quatuor.

La nuit était assez claire, d'innombrables étoiles brillaient au ciel. Nous atteignons San-Pier d'Arena, faubourg de Gênes peuplé de 9,000 âmes. Il n'en comptait pas 1,500 lors du siége de Gênes. Il possède de nombreuses manufactures, et est situé dans une plaine assez étendue.

A San-Pier d'Arena succède Sestri, petite ville de 6,000 âmes, où les manufactures sont importantes. Peu après, nous atteignons Voltri, ville de 9,000 âmes où l'on fabrique d'assez bons draps, et du papier estimé en Italie. Nous traversons Invrea, Varazze sur le Tiero, petit torrent assez méchant, Albizola-Marina, où nous remarquons un assez grand nombre de navires de commerce en construction. Le jour était venu depuis une heure. Cependant nous étions, depuis San-Pier d'Arena, en conversation réglée avec notre compagnon de route. C'était un jeune homme de vingt-cinq à trente ans, de manières distinguées, et d'une santé assez frêle, qui voyageait par ordre des médecins. Il avait un accent étranger à peine perceptible, à ce point que, lui ayant demandé s'il était russe et combien de temps il avait résidé à Paris, il nous répondit que son père serait bien heureux s'il nous entendait, lui qui s'était efforcé de l'entourer, dès son enfance, de précepteurs et de domestiques français. Il nous avoua qu'il était Saxon.

Ce qu'on a de mieux à faire en diligence, quand on ne dort pas, c'est de causer. Cela n'empêche pas de voir le pays. Aussi, quels sujets n'avons-nous pas traités! Littérature, science, politique, tout y a passé. Je m'efforçais de pousser mon compagnon dans toutes les directions des connaissances humaines, autant du moins que mon peu de savoir me le permet : je le trouvais ferré à glace sur tout.

Henry l'a entamé sur le chapitre du commerce, de l'industrie et des beaux-arts : même solidité.

Nous avons parlé de l'Allemagne. Voulait-il seulement être poli avec nous ? Il nous a avoué sa prédilection pour les Français, nous a vanté notre pays, ses mœurs, ses beautés naturelles, ses grands hommes. Appartenait-il à l'une des familles saxonnes qui s'étaient, comme leur roi, ralliées à la politique du premier Napoléon, et lui avaient été fidèles jusqu'au bout, lors même que l'armée saxonne trahissait notre cause à Leipsig ? Il nous a fait un portrait bien charmant du roi de Saxe actuel, souverain instruit, véritable père du peuple. Par les détails qu'il nous donnait sur ses habitudes, ses ministres, sa cour, nous jugeâmes que nous avions affaire à l'un des représentants de la vieille noblesse saxonne, dont la fierté est proverbiale.

Ces causeries abrégeaient la route. Nous ne pouvions nous lasser de contempler le tableau mouvant qui se développait devant nous. On ne nous avait pas exagéré les beautés de la Corniche. Nous côtoyions la mer à gauche, tantôt la surplombant, tantôt la rasant presque des roues de notre voiture ; à droite, la montagne s'élevait abrupte et rocheuse. Que de travaux, que de dépenses pour rendre la Corniche praticable aux voitures ! C'est encore l'une des belles œuvres du grand Napoléon. Nous avons déjà ici le commencement du climat africain. Des cactus, des aloès bordent la route ; plusieurs de ces végétaux ont poussé leurs hampes fleuries à près de 2 mètres de hauteur.

La route de la Corniche est fort étroite : deux voitures n'y peuvent se croiser. On a ménagé, de distance en distance, des espaces un peu plus larges, où les charrettes et voitures stationnent pour laisser passer celles qui descendent. Le courrier a le privilége de ne jamais attendre.

Bientôt nous atteignons Savone, qui donne son nom à la province. Savone était, sous le Consulat et l'Empire, chef-lieu du département de Montenotte. C'est une ville de 17 mille âmes, dont le port est assez sûr. L'aristocratie génoise, à la suite d'une guerre sanglante, le fit combler. Savone n'a jamais pu se relever de cette catastrophe.

Savone m'a rappelé M. de Chabrol de Volvic, qui fut longtemps préfet du département de Montenotte, et à qui l'on doit une description statistique de ce beau département. Son livre a servi de modèle au genre. Napoléon, revenu de Moscou pour réparer les désastres de la campagne de Russie, ramené aussi par l'inquiétude que dut lui causer la conspiration du général Mallet, voulut voir M. de Chabrol, nommé préfet de l'un des départements du Nord et qui se trouvait à Paris se rendant à son poste. Il fut si charmé des formes parfaites et des vastes connaissances du jeune administrateur, qu'il le fit préfet de la Seine, fonctions que M. de Chabrol conserva, je crois, jusqu'en 1830, sauf l'interruption des Cent-Jours. M. de Chabrol avait épousé la ville de Paris. Les souvenirs qu'a laissés son administration sont encore vivants à la préfecture de la Seine.

J'ai eu l'honneur d'être reçu, en 1831, au château de Volvic, par cet homme éminent. Je n'oublierai jamais son accueil gracieux.

Les Chabrol appartiennent aux plus vieilles familles d'Auvergne; ils n'ont jamais été d'épée. Le père des trois Chabrol, car il y avait aussi M. de Chabrol de Crussol, et M. de Chabrol de Chaméane, a laissé de beaux travaux sur l'ancienne législation. Ses traditions de famille lui avaient permis d'écrire l'histoire *de la session des Grands-Jours*, qui terrassa la noblesse pillarde d'Auvergne sous Louis XIV. Le mémoire de Fléchier, publié par M. Gonod, est venu confirmer, sous sa forme anecdotique, les renseignements plus sévères publiés par le père des trois Chabrol.

Sur tout le littoral de la Corniche, les villes et villages que nous traversons ont des rues alignées extrêmement étroites; les maisons sont à trois et à quatre étages. A peine la voiture a-t-elle la place nécessaire pour passer sans écraser les gens. La nécessité de se garantir contre la chaleur a dû déterminer l'étroitesse des rues.

Dans les villages et les petites villes, nous remarquons une vaste construction placée sur les bords de la mer, et d'un modèle uniforme. Elle est assez élevée, voûtée, avec fenêtres très-étroites et ouvertes à une certaine hauteur du sol. Pourquoi ces bâtiments toujours et partout les mêmes ? Quelle était leur destination ? Ils paraissent abandonnés depuis moins d'un demi-siècle. Nous interrogeons notre conducteur, notre cocher, jeune drôle qui, comme ceux qui l'ont précédé, parle constamment à ses chevaux et leur prodigue, avec force coups de fouet, des noms tendres ou des imprécations. Ni l'un ni l'autre n'en savent rien. Nous devinons enfin le mystère. Ces grosses tours étaient des lieux de refuge contre les incursions subites des pirates barbaresques, qui, jusqu'en 1830, faisaient des descentes, sur divers points de la côte, pour piller les maisons et surtout enlever les femmes et les enfants.

Tous les riverains de la Méditerranée doivent bénir la France d'avoir fait la conquête de l'Algérie. Il était vraiment honteux pour la civilisation de tolérer la course des pirates d'Alger, de Tunis et de Tripoli. Les menaces de l'Angleterre n'ont pu, heureusement, prévaloir contre la juste indignation du roi Charles X, dont le consul avait reçu un sanglant affront. Alger pris, Tunis et Tripoli se le sont tenu pour dit, et la piraterie barbaresque a disparu pour toujours de la Méditerranée.

En 1806, les États-Unis d'Amérique, dont la population atteignait à peine 6 millions d'âmes, ont eu moins de patience que les puissances européennes. Ayant eu quelques navires pillés par des pirates tripolitains, ils équipèrent à grands frais une flotte, canonnèrent Tripoli qu'ils prirent, et, par traité, s'affranchirent de tout pillage des barbaresques. Jusqu'en 1830, leur pavillon était le seul respecté dans la Méditerranée. Grand exemple, qu'auraient dû suivre la France, l'Espagne, la Sardaigne, l'Autriche et l'Angleterre!

Lorsque la France fait prévaloir une cause, même personnelle, son triomphe tourne au profit de tous les peuples : preuve de sa mission providentielle. Les Etats-Unis, plus égoïstes, ne stipulèrent que pour eux-mêmes. Toutefois, cet acte de vigueur fit grand honneur à l'administration du président Jefferson, et démontra à l'Angleterre qu'une rivale lui était née de l'autre côté de l'Atlantique. Il faut lire, dans le SALMIGONDIS de Washington Irving, les curieuses lettres qu'il prête à *Mustapha Rub-A-Dub Keli Khan*, prisonnier à New-York, sur les institutions et les mœurs américaines. On ne saurait pousser plus loin l'esprit et l'*humour*.

Après avoir traversé Zinolea, franchi le torrent de la Tragenda, aperçu Vado sur la crête d'une montagne, et longé son port, Porto-di-Vado, Spotorno, village où nous voyons des barques en construction, nous atteignons Noli, où nous devons changer de chevaux et déjeuner. L'hôtel de la Poste est un maigre hôtel. Nous n'y avons rien trouvé. Mes compagnons ont pris un morceau de pain trempé dans du café noir. On m'a servi, sous le nom de chocolat, un affreux breuvage qui m'a rendu malade jusqu'à Nice.

A force de descendre, pour me dégourdir les jambes, à tous les relais de poste, j'ai fini par grimper sur le courrier sans avoir besoin d'échelle. Je prête encore à rire aux gamins par ma maladresse; enfin, j'arrive jusqu'à l'impériale sans me casser le cou.

Noli, connu des Romains sous le nom de *Nolum*, a 2,000 âmes. Son territoire est très-borné : point de terres à cultiver. Ses habitants sont tous pêcheurs.

Faut-il continuer l'énumération des villages que nous traverserons jusqu'à Nice ? Cela deviendrait ennuyeux. Je ne dirai même rien ici de Loano, célèbre par une grande victoire des Français, dont je parlerai plus tard.

La température méridionale se prononce de plus en plus, surtout aux approches d'Albenga, petite ville de 4,000 âmes. La vallée s'est un peu élargie, nous avons perdu de vue la mer. Albenga nous paraît une ravissante localité. Ses clochers à clochetons, dans le goût italien, nous séduisent. Albenga remonte à une moyenne antiquité ; elle est née d'un camp romain. Proculus d'Albenga a laissé une trace dans l'histoire par son ambition et sa chute. Il s'était fait, sans calculer ses forces, proclamer empereur par ses soldats qui l'adoraient. Il paya de sa tête son outrecuidance.

Nous avons longé le *Ponte-Longo*, vénérable vestige de la puissance romaine. L'*Ortovero*, torrent qui débouche dans le petit golfe formant le port d'Albenga, a changé de lit. Le pont est devenu inutile. Que nous aurions voulu pouvoir nous arrêter pour le contempler à notre aise ! Il est formé de vastes pierres de granit, rendues noires par les siècles; les arches sont fort basses, ou le terrain s'est exhaussé. Deux mille ans peuvent encore passer sans attenter à sa solidité.

Oneglia est une ville que nous aurions désiré visiter. Elle a 5,000 âmes, est fortifiée et a un bon port. Son nom indique les productions de ses alentours. Les oliviers forment sa richesse. L'olivier n'est pas un bel arbre ; ses petites feuilles ont une teinte gris-vert assez triste. On les cultive dans les sols maigres, formés en terrasses superposées et séparées par un mur grossier. Plusieurs de ces arbres sont vénérables par leur antiquité. Quand la vieillesse les rend improductifs, on les coupe au pied : des jeunes rejetons on choisit le plus vigoureux, qui, au bout de quelques années, donne d'abondantes olives.

J'aurai à revenir sur Oneglia.

Nous arrivons ensuite à *Porto-Maurizio*, après avoir gravi une assez rude côte. Là nous retrouvons la vue de la mer, de l'autre côté de la montagne où est le port de Maurice. Deux heures après, nous traversons la Taggia, torrent redoutable.

Je n'ai pas encore parlé du chemin de fer en cours d'exécution, qui suit, comme nous, le bord de la mer. Sur un grand nombre de points les travaux de nivellement sont terminés, les tunnels creusés; sur d'autres, de nombreux ouvriers sont au travail; nous entendons, de temps à autre, des explosions de mines. Tout cela distrait.

Nous ne nous lassons pas d'admirer la mer et les navires à l'horizon. Je ne puis me figurer encore que la Méditerranée soit une mer. Elle est unie comme une glace. On entrevoit dans le lointain le mouvement des eaux légèrement agitées. J'ai vu l'Océan et ses fureurs; la majesté de ce spectacle me tenait en admiration, en respect. La Méditerranée n'a pas cette grandeur; elle n'émeut pas.

Il ne faut pourtant pas se fier à cette placidité qui nous étonne. La Méditerranée se fâche quelquefois; les tempêtes y sont terribles, comme dans les mers courtes. On sait qu'elle n'a ni flux ni reflux.

Le chemin de fer de Gênes à Nice sera, sous peu d'années, livré à la circulation. Voilà un beau trajet à faire. Ce ne sera pas grandiose comme la Corniche.

Mais, déjà, nous avons rencontré des orangers et des palmiers. Nous arrivons à San-Remo, ville de 10 mille âmes, port assez important, dont les marins sont renommés. Les oliviers, les vignes, les arbres fruitiers abondent sur le penchant de la colline où elle est assise.

J'estime à deux cents le nombre des palmiers de toute taille qui peuplent ses hauteurs, d'où se détache l'ermitage de Saint-Romulus. Je ne sais pourquoi nos amateurs d'horticulture se sont pris de belle passion pour les palmiers, les bananiers, les aloès, etc., arbres et plantes des régions chaudes. Je leur passe les plantes à feuillage ornemental des régions tropicales. Qu'y a-t-il de beau dans un palmier? c'est un triste végétal, digne d'intérêt dans les localités où il croît naturellement, presque ridicule sous notre ciel du Nord.

Les palmiers de l'ermitage de Saint-Romulus ont le privilége, trois fois séculaire, de fournir les palmes dont les églises de Rome s'embellissent à la fête des Rameaux. Les cardinaux en portent chacun une à la procession papale.

Mon chocolat m'a rendu tellement malade, que je dois chercher un refuge dans le coupé du courrier. Je laisse Henry avec le jeune Saxon. Ils continuaient depuis Noli leur intéressante conversation sur les manufactures comparées d'Angleterre, de France et d'Allemagne. Puis, ils ont entamé le chapitre des beaux-arts. J'étais hors d'état d'y prendre part.

J'ai dormi pendant une heure; cela m'a remis un peu; mais je n'avais plus d'yeux pour voir. Ni Vintimille, ni Menton, malgré les beautés de la campagne qui les entoure, n'ont pu fixer plus d'un instant mes regards. Des hauteurs de la Turbie, j'ai aperçu Monaco. Il était huit heures du soir, la nuit arrivait. A dix heures, nous avons enfin atteint Nice, après vingt-six heures de voiture, fatigués, moulus. L'hôtel de France nous a offert une hospitalité coûteuse, et nous avons gagné nos lits, Henry et moi, nous glissant sous la moustiquaire.

Notre Saxon loge dans une autre partie de l'hôtel.

CHAPITRE XXI

La Corniche. — Faits militaires. — Expédition d'Oneille. — Bataille de Loano. — Considérations sur les conséquences de cette bataille. — Scherer, général en chef de l'armée d'Italie. — Revers. — Misère de l'armée d'Italie. — Bonaparte général en chef. — Le trop odorant rapport.

J'ose essayer, dans un récit succinct, de raconter les événements militaires dont la route de la Corniche a été le théâtre pendant les guerres de la Révolution. Afin d'accomplir cette tâche avec méthode et clarté, je demande au lecteur la permission de prendre l'ordre inverse de celui que j'ai suivi dans le précédent chapitre, c'est-à-dire de remonter de Nice à Gênes, au lieu de descendre de Gênes à Nice. La succession des dates et la marche des événements l'exigent.

Le comté de Nice se détacha de la monarchie piémontaise à peu près dans le même temps que le duché de Savoie ; à la fin de la campagne de 1793, la République française avait passé, sur presque tous les points, de la défensive à l'offensive. L'effort immense de la nation pour réagir, par la levée en masse, contre l'invasion de toutes ses frontières à la fois, avait porté ses fruits. Nous envahissions à notre tour l'Allemagne, nous prenions possession de la Cerdagne ; la Savoie, Nice étaient à nous, par la volonté de leurs habitants autant que par la vaillance de nos soldats.

L'armée des Alpes et celle d'Italie, après avoir fourni de nombreux détachements à l'armée qui reprenait Toulon et contenait Marseille, s'étaient renforcées par le retour de leurs divisions et remises en possession de la grande chaîne des Alpes.

Le 6 avril 1794 eut lieu le beau mouvement connu dans l'histoire militaire sous le nom d'expédition d'Oneille.

Le plan de cette expédition fut conçu par Masséna, qui avait été nommé général de division, dans le même temps que Bonaparte était promu au rang de général de brigade : récompense de leur brillante conduite devant Toulon.

Tous les historiens, à commencer par Jomini, suivi fidèlement en cela, comme dans le reste, par M. Thiers, ont décrit, au point de vue de Bonaparte, le siége de

Toulon et les combats et batailles qui se sont livrés sur ou près de la Corniche. Partout où ce grand génie a paru, l'on a pensé qu'il avait tout conçu, tout exécuté, alors même que, confondu dans les rangs inférieurs, l'attention s'attachait à peine à lui. Ainsi, les hauts faits des chevaliers grecs, dans les temps héroïques, ont tous été attribués à Hercule : le nom de Thésée, son ami, a seul survécu.

En réalité, Bonaparte, s'il a eu la plus grande part à la reprise de Toulon, en indiquant le meilleur point d'attaque de cette place, *le petit Gibraltar,* ne fut pas considéré, dans le moment, comme étant l'auteur principal de la chute de la ville. Il n'est pas même cité dans le rapport que les Représentants du peuple adressèrent à la Convention nationale. Ce fait n'a rien de surprenant : les supérieurs s'approprient volontiers le mérite des actes de leurs subordonnés.

Il en est de même pour l'expédition d'Oneille : tous les historiens en attribuent la pensée à Bonaparte, et accordent à Masséna le mérite de l'exécution. Masséna a toujours revendiqué le succès d'Oneille comme sien, conception et exécution. J'ai eu entre les mains la preuve de la justesse de sa revendication.

Cette tendance des historiens est facile à comprendre : elle est même excusable. La figure de Bonaparte domine son siècle.

Lorsqu'il arriva au quartier général de Savone,

comme général en chef de l'armée d'Italie, sauf les généraux, personne ne l'y connaissait. Son nom n'avait guère retenti dans le public que pour son heureuse énergie dans les journées de vendémiaire, où il sauva la Révolution en préservant la Convention nationale de l'attaque royaliste des sections de Paris.

Quoi qu'il en soit, le 6 avril 1794 eut lieu l'affaire d'Oneille, que je vais raconter en peu de mots :

L'armée d'Italie était campée le long de la Roya, sous le commandement du général Dumerbion, qui avait récemment remplacé Dugommier. L'ennemi occupait le camp de la Fourche, clef de sa position, tenait le mont Tanardo et Oneille par les Autrichiens, pendant que les Piémontais étaient fortement assis à Saorgio, petite ville de la vallée de la Roya.

Masséna connaissait bien la force du camp de la Fourche. Il l'avait occupé lui-même, l'année précédente, avec une brigade, lorsqu'il vint remplacer le malheureux général d'Outremont, arrêté comme noble et suspect, et, peu après, décapité. Le camp de la Fourche avait dû être abandonné, lorsque la brigade de Masséna fut appelée devant Toulon livré traîtreusement aux Anglais.

La certitude qu'il avait de la force du camp de la Fourche éloigna de Masséna l'idée de l'attaquer de front. Il s'agissait de le tourner. Le vieux Dumerbion, malade de la goutte, lui laissa carte blanche.

Le plan de Masséna consistait, dit excellemment M. Thiers, après Jomini, mais en attribuant la conception à Bonaparte, « à jeter quinze mille hommes
« dans la vallée d'Oneille, à faire remonter cette divi-
« sion jusqu'aux sources du Tanaro, à la porter en-
« suite jusqu'au mont Tanarello, qui borde la Roya
« supérieure, et à intercepter ainsi la chaussée de
« Saorgio, entre le camp de la Fourche et le col de
« Tende. Par ce moyen, le camp de la Fourche, isolé
« des grandes Alpes, tombait nécessairement. »

Le mouvement s'exécuta mathématiquement.

Pendant que Masséna se portait sur le mont Tanardo avec huit mille hommes, pour tourner la gauche des Piémontais, Bonaparte marcha sur Oneille, culbuta la division autrichienne, s'empara de la ville, y trouva du canon, et détruisit les corsaires qui encombraient son port. De là, il remonta jusqu'à Ormea dans la vallée du Tanaro dont il prit possession le 15 avril. La capture fut importante : vingt pièces de canon, de riches magasins de draps nous restèrent.

Dès que Bonaparte fut arrivé sur le Tanaro, l'armée française dessina la deuxième partie du plan. Dumerbion se jeta sur le front des Piémontais, dans le temps où Masséna tombait sur leurs flancs et sur leurs derrières. Les Piémontais, tournés, durent évacuer Saorgio en toute hâte et se replier sur le col de

Tende qu'ils abandonnèrent bientôt pour se concentrer à Limone, au-delà de la grande chaîne.

Dans ce récit du combat d'Oneille, on voit à peine figurer Masséna et le corps qu'il commandait. Il remplissait pourtant le principal rôle. Maître des hauteurs, dominant l'ennemi, il devait lui donner le coup de grâce, dès que l'action de Bonaparte serait achevée. C'est ce qui eut lieu, en effet, après la prise d'Ormea. La partie brillante était à Bonaparte, le rôle décisif à Masséna. Les militaires me comprendront.

L'affaire d'Oneille nous remit en possession du camp de la Fourche et rétablit nos affaires dans les Apennins, pendant que l'armée des Alpes, agissant de son côté, s'emparait du Saint-Bernard et du mont Cenis.

Nous y gagnâmes le rétablissement du commerce avec la république de Gênes. On avait dû, sans doute, violer son territoire pour l'exécution du mouvement; mais Gênes avait trop fortement blessé la France par sa partialité envers la coalition, pour ne pas baisser la tête et se taire.

Les événements de thermidor et l'inévitable réaction qui en fut la conséquence, opérèrent une véritable désorganisation de l'armée d'Italie. Bonaparte, suspect par sa liaison avec Robespierre le jeune et la protection dont on le supposait l'objet de la part de Maximilien Robespierre, fut mis en disponibilité. De braves officiers furent destitués. Les approvisionnements arrivèrent avec parcimonie. Il y eut une suspension d'activité. Le nouveau gouvernement, toutefois, renforça l'armée d'Italie d'une belle division sous le commandement d'Augereau, qui venait de s'illustrer par le siége de Figuières en Catalogne. Augereau arriva vers le mois de novembre.

L'armée d'Italie, renforcée de l'armée des Alpes, était alors sous les ordres du vieux Kellermann, la gauche aux grandes Alpes, le centre au col de Tende, et la droite derrière la ligne de Borghetto.

Le général autrichien Dewins était immobile dans la rivière de Gênes. Il s'agissait de l'en chasser et de détacher de la coalition le Piémont hésitant.

Kellermann tomba dans la disgrâce du gouvernement, avec lequel il ne put s'entendre sur le plan de campagne. Le général Schérer, dans les talents duquel on avait confiance, le remplaça à la tête de l'armée d'Italie.

L'armée autrichienne perdit aussi son général en chef, Dewins, auquel succéda le général Wallis. Elle ne songeait point à nous attaquer et vivait paresseusement dans ses positions sur la rivière de Gênes.

L'armée piémontaise, commandée par Colli, général brave et expérimenté, retranchée dans le camp de Ceva, était opposée à la gauche de l'armée française et se reliait, par sa propre gauche, aux Autrichiens postés, en partie, sur la crête des Apennins à Roca-

Barbenne, en partie, sur le versant maritime faisant face à Loano. Nos communications étaient donc coupées de Gênes.

Schérer était un médiocre général ; mais il écoutait volontiers ses divisionnaires. Masséna lui proposa un plan qui consistait à couper les Autrichiens des Piémontais en forçant la droite et le centre de l'armée autrichienne, et en lui enlevant, en conséquence, les crêtes supérieures de l'Apennin ; puis, en suivant rapidement ces crêtes, à isoler sa gauche dans le bassin de Loano, entre les montagnes et la mer.

Ce plan, simple comme toutes les choses justes le sont, fut adopté par Schérer.

Le mouvement fut fixé au 23 novembre 1794. Trente-six mille Français allaient attaquer quarante-cinq mille Autrichiens et Piémontais.

Augereau eut mission de pousser, sans trop d'impétuosité, la gauche des Autrichiens vers Loano ; Masséna dut attaquer leur centre à Rocca-Barbenne, après s'être emparé des hauteurs ; Serrurier reçut ordre de tenir en respect Colli, qui occupait la droite de l'autre côté de la montagne.

Pendant qu'Augereau modérait son attaque, Masséna, suivant à grands pas les crêtes, tournait le bassin de Loano. Serrurier amusait Colli par de fausses attaques.

Le plan, stratégiquement conçu, avec une véritable

entente de la guerre de montagnes, réussit de point en point.

Les Autrichiens ne s'attendaient pas à la bataille.

Augereau rencontra devant lui le général piémontais Roccavina, posté sur un mamelon, au centre du bassin de Loano. Cerné, Roccavina refusa de se rendre, et, se jetant à la baïonnette sur nos troupes, les rompit et alla se réunir aux Autrichiens. Cette brillante retraite fut une mortification pour Augereau, mais elle fut très-utile au succès de la journée. Augereau dut forcément se borner à batailler devant Loano.

Masséna, comme l'auteur du plan, avait le rôle principal. Il franchit, au pas de course, les crêtes de l'Apennin, surprend Argenteau sous les ordres duquel était la droite des Autrichiens, lui prend ses positions et, le soir, campe sur les hauteurs de Melogno, fermant les derrières du bassin de Loano. Colli et toute la droite ennemie, occupés par Serrurier, s'étaient bornés à la défensive.

Il faisait un temps affreux. Les généraux français campèrent, comme l'ennemi, chacun dans sa position. La première partie du plan était accomplie.

Le lendemain, 24 novembre, le plan se dessina tout à fait. Serrurier, qui s'était contenu la veille, attaqua plus sérieusement Colli et visa à l'isoler des Autrichiens; Masséna resta paisible possesseur de toutes les crêtes de l'Apennin, interceptant les derrières des Autrichiens, et attendant son heure; Augereau, que rien ne retenait plus, s'abandonna sans réserve à sa fougue ordinaire.

Par une pluie battante, par des routes défoncées, les Autrichiens, comprenant enfin leur position, opérèrent leur retraite et s'enfuirent en désordre, par leur droite et leur centre, sur les revers de l'Apennin. Ayant leur gauche acculée entre les montagnes et la mer, ils n'avaient pour ligne de retraite que la route de la Corniche. Cette route ne ressemblait pas à celle d'aujourd'hui : c'était un affreux sentier à peine praticable aux mulets et aux voitures légères, rendu plus horrible, en ce moment, par une tourmente de neige. Cette dernière circonstance fut heureuse pour l'ennemi. Si la fatigue et l'ouragan n'eussent arrêté la poursuite, l'armée autrichienne trouvait là son tombeau. On lui prit seulement 5,000 hommes, quarante pièces de canon et de magnifiques magasins. Elle laissa plus de 4,000 morts sur le champ de bataille.

A Loano, comme à Oneille, les lecteurs peu versés dans la stratégie ne verront pas très-bien en quoi le rôle de Masséna fut le principal. Après s'être emparé des hauteurs, il fermait la retraite à l'ennemi par les Apennins. Il n'eut donc qu'à se laisser rouler du haut des montagnes pour l'écraser. C'en était fait de l'armée autrichienne sans l'ouragan qui sauva ses débris.

Cette bataille de Loano est le combat d'Oneille sur une plus vaste échelle. Elle est l'une des plus stratégiques des guerres de la Révolution. La conception partait de la même tête qui avait dirigé l'expédition d'Oneille, toute stratégique aussi, et qui devait, quelques années après, préparer l'admirable victoire de Zurich, double bataille où la vigueur de l'exécution égala la sagesse du plan.

La conséquence prochaine de la victoire de Loano fut d'ébranler le Piémont et de lui ôter sa confiance dans le succès définitif de la coalition. Un plus habile général eût aisément pu, en poussant son succès, en détacher dès lors le gouvernement piémontais. Les divisionnaires le conseillaient : mais Schérer était sans génie. Fier de la renommée qui allait s'attacher à son nom, il se contenta du succès acquis, cantonna ses troupes pour leur faire passer l'hiver le plus commodément et le plus abondamment possible, et reçut les félicitations de son gouvernement, sans reporter sur Masséna la part de gloire qui revenait légitimement à cet illustre guerrier.

Les conséquences éloignées de la victoire de Loano furent désastreuses pour la France. Cette victoire donna à Schérer un grand ascendant. Lorsque Bonaparte, après la conquête de l'Italie et la paix qui en fut la suite, voulut aller frapper au cœur l'Angleterre dans l'Égypte, il avait emmené les meilleures troupes de l'armée d'Italie, et les généraux réputés les plus habiles. Masséna était en disgrâce à la suite de la révolte des officiers de l'armée de Rome, qui, ne sachant pas que Bonaparte avait puisé à pleines mains, avec l'assentiment du Directoire, dans le trésor de l'armée d'Italie, afin de préparer son expédition d'Égypte, avaient accusé Masséna de l'avoir pillé lui-même. Le Directoire donna à Masséna, bientôt réintégré, le commandement de l'armée d'Helvétie.

Schérer, que le Directoire avait fait ministre de la guerre, et dont le peu de mérite administratif fut bien vite reconnu, céda le ministère à Bernadotte et alla prendre le commandement de l'armée d'Italie mécontente et un peu démoralisée. Championnet achevait alors la conquête du royaume de Naples.

Les Russes sous Souwaroff, unis aux Autrichiens, n'eurent que trop bon marché de Schérer, qui accumula faute sur faute. Nous fûmes ramenés tambour battant, et la série de nos désastres se termina par la défaite de Novi. Championnet, après avoir évacué le royaume de Naples par une retraite qui rappelle celle de Charles VIII sans Fornoue, vint mourir à vingt-neuf ans, du typhus, à Nice. Il fallut que Masséna, secondé par le général Soult, gagnât la double victoire de Zurich et de la Limath, pour dissoudre la coalition et préserver la France d'une invasion certaine.

L'inhabileté de Schérer avait tout perdu. L'habileté

de Masséna, le véritable vainqueur de Loano, sauva tout.

Jomini n'a pas aperçu cette coïncidence. Malgré ses talents supérieurs, il ne pouvait tout deviner. Les documents lui manquaient. J'ai eu en main le plan de la bataille de Loano. Je restitue ici à cette bataille son véritable caractère.

Jomini n'a pas plus compris la cause de la longue inaction de Masséna sur l'Albis avant la bataille de Zurich. M. Thiers, écrivant peut-être sur des mémoires fournis par Bernadotte, alors roi de Suède, ne l'a pas non plus connue tout entière. Il peut avoir été égaré par Bernadotte lui-même, auquel, dans cette circonstance, on a tant de reproches à faire. Je m'arrête pour ne pas sortir de mon sujet.

Je dirai peu de chose de l'invasion de l'Italie par Bonaparte, dont la Corniche fut le point de départ.

Bonaparte arriva, le 17 avril 1796, au quartier général de Nice, qu'il transporta immédiatement à Savone. La misère des troupes était à son comble. Dans la célèbre proclamation qu'il leur adressa : « vous » êtes, leur dit-il, sans pain, sans vêtements, sans » souliers; le gouvernement ne peut rien pour » vous. »

Rien n'était plus vrai. La misère était l'état endémique du gouvernement de la France. Lorsque le Directoire prit le pouvoir, les caisses publiques ne contenaient pas 100,000 fr. Le numéraire avait disparu par la dépréciation des assignats, l'absence de confiance et la nullité du commerce et de l'industrie autre que celle de la fabrication des objets nécessaires à la guerre.

Notre agriculture seule nous restait ; elle était florissante. Délivrée des entraves de l'ancien régime, vivifiée par le morcellement des propriétés, elle était extrêmement productive.

Les impôts se payaient en denrées. L'indemnité des représentants du peuple (anciens et cinq-cents) se calculait en blé. Les appointements des directeurs et de tous les fonctionnaires publics étaient au même régime.

On eut de la peine à trouver 100 louis pour l'entrée en campagne de l'armée d'Italie. Bonaparte donna 40 fr. à chaque général de division, 20 fr. aux généraux de brigade, 10 fr. aux chefs de demi-brigade, 5 fr. aux chefs de bataillon. Aux officiers inférieurs, aux sous-officiers et soldats, il donna...... l'espérance.

Bonaparte suivit, pour couper les Piémontais des Autrichiens, un plan analogue à celui de la bataille de Loano. Les immortelles victoires de Montenotte, de Millesimo et toutes celles qui suivirent ne sont pas de mon objet ; je me cantonne sur la Corniche.

Lorsque Masséna vint, en 1799, prendre le commandement de l'armée d'Italie, il trouva cette armée dans le dénûment le plus absolu, démoralisée, jetant ses armes, croyant la République perdue par le coup d'État de brumaire, je l'ai dit ailleurs. Il lui redonna confiance et remonta son moral.

J'ai raconté les événements qui ont précédé le siége de Gênes, j'ai dit comment Masséna, coupé de Suchet qui fut rejeté sur le Var, soutint, avec une inébranlable constance, le siége le plus émouvant et le plus glorieux. Je m'arrête et demande pardon au lecteur d'avoir consigné dans ce modeste volume des faits aussi mémorables et, en apparence, aussi étrangers au but que je me suis proposé.

CHAPITRE XXII

NICE

Les deux mendiants italiens. — Climat de Nice. — Coup d'œil sur la ville. — La promenade des Anglais. — La mer. — Les côtes. — Monaco. — Menton, Vintimille. — Le château des Cimiers. — Le platane de Cyrus ou de Xerxes. — Alphonse Karr. — Effets de l'annexion. — M. de F... — Retour à Paris par Toulon et Marseille.

Avant de parler de Nice, je dois noter un petit fait qui établit bien la différence entre la France et l'Italie.

Arrivé, hier soir, à la frontière, le courrier a dû s'arrêter au poste de douane pour la visite des bagages et le visa des passeports. Les douaniers français ne sont pas moins polis que les douaniers italiens. L'opération s'est faite en conscience, sans perquisitions inutiles pour les voyageurs. Il nous a suffi, à Henry et à moi, de déclarer notre qualité de Français : on n'a même pas ouvert notre malle.

La ligne séparative de la France et de l'Italie est purement fictive. Elle n'est marquée que par deux poteaux, élevés en forme de croix, des deux côtés de la route, et sur lesquels on lit cette triomphante inscription en lettres énormes :

« La mendicité est défendue dans le département des Alpes-Maritimes. »

Deux mendiants italiens, afin de bien constater l'indépendance de leur pays, se tenaient, du côté d'Italie, chacun au pied d'un des poteaux et tendaient la main, en ayant soin de ne pas dépasser la frontière. C'est leur poste habituel, car les douaniers et notre conducteur n'y faisaient guère attention. Nous leur avons donné une large aumône, tant la chose nous parut originale !

Lorsque l'inscription frappa nos yeux, je pensai à ces deux naufragés qui, arrivant à la nage sur une côte inconnue, aperçurent deux potences. « Dieu soit loué ! dit l'un d'eux, nous sommes en pays civilisé ! »

C'est aujourd'hui samedi 8 août. Nous devons partir pour Toulon par le train de deux heures, qu'on va chercher au village de Cagnes, à quelques kilomètres de Nice. Probablement, l'année prochaine, le chemin de fer arrivera jusqu'à Nice. Nous prenons une voiture, à six heures du matin, et nous voilà partis pour visiter la ville. Nous avons le temps nécessaire.

La population de Nice n'est pas inférieure, pendant l'hiver, à 46,000 âmes. Nice est traversée par le Paillon, torrent en ce moment presqu'à sec ; la largeur de son lit, contenu par des quais fortement maçonnés, avec parapet, la solidité massive de ses deux ponts annoncent le développement que doit prendre le Paillon dans ses crues subites, après de violents orages.

Nice, la *Nicæa* des Romains, la *Nizza* des Italiens, fut fondée par les Massiliens qui la nommèrent Nicée (du mot grec *nikè*, victoire), en souvenir d'une bataille gagnée par eux sur les Ligures. César, après le siége et la prise de Marseille, qu'il a si complaisamment décrits dans ses Commentaires, établit à Nice un arsenal maritime. Auguste, son successeur, transporta l'arsenal à Fréjus ; Nice perdit, dès lors, son importance et, en grande partie, sa population. Dans le huitième siècle, elle commença à se relever. Lorsque les gouverneurs de provinces obtinrent l'hérédité de leurs offices, et jetèrent, par là, les bases du système féodal, Nice devint la capitale d'un comté auquel elle donna son nom. En 1388, elle choisit Amédée VII, duc de Savoie, pour son prince. L'histoire ne dit pas si l'on appliqua, dans cette circonstance, le suffrage universel. Amédée VII, dont la puissance se trouvait notablement augmentée par la récente acquisition du Piémont, se plut, comme ses successeurs, à embellir Nice et à en augmenter la population. Nice a été le siége d'un congrès entre Charles-Quint, le pape Paul III et François Ier, en 1538. Le maréchal de Catinat prit Nice d'assaut en 1691 ; le duc de Berwick s'en empara en 1706. Nice fut, une première fois, réunie à la France en 1792, avec l'assentiment de ses habitants. Restituée aux États sardes après la chute du premier Empire, elle a repris, par l'annexion, son titre de chef-lieu du département des Alpes-Maritimes.

Sous la première République, le suffrage universel direct n'était pas connu. Quand un pays demandait sa réunion à la France, on faisait prononcer chaque commune. La réunion ne se faisait pas d'ensemble. Le vœu de toutes les sections du territoire devait être constaté. Lorsque tous les vœux avaient été émis, la Convention nationale admettait dans le sein de la République, mot qui signifiait alors la France, les diverses communes, les unes après les autres. Un représentant du peuple était délégué pour aller organiser le ou les nouveaux départements.

Nice a vu naître Carle Vanloo, Cassini et Garibaldi.

Le climat de Nice est célèbre, je n'en parlerai pas. Les quinze à vingt mille malades qui viennent y hiverner, chaque année, sont dispersés actuellement dans toute l'Europe. Il fait une chaleur accablante. Les hôtels sont vides. Les habitants réparent leurs maisons pour recevoir les hôtes qui leur arriveront dans deux mois et demi.

Nice est défendue des vents du nord par les derniers versants des Alpes, qui l'entourent de ce côté, et dont la magnifique végétation attire les yeux. Son port, d'une médiocre étendue, contenait peu de navires. On voit encore les décombres du château qui servit de sauvegarde à la ville contre Barberousse.

Rien ne saurait égaler la pureté et la transparence du ciel. Tout notre voyage a été favorisé par le beau temps. Mais le soleil est si brûlant que nous aspirons après les nuages et la pluie. Nous étions en voiture découverte. Nous n'avions pas l'ombrelle en toile grise doublée de vert, sans laquelle aucun Nizard ne sort. Aussi, malgré l'heure matinale, étions-nous comme transpercés par les rayons de feu qui tombaient pourtant obliquement sur nos têtes. La crainte d'un coup de soleil ne pouvait nous arrêter. Nous parcourons la ville, divisée en deux parties, la vieille et la nouvelle. De la vieille ville je ne dirai qu'un mot, elle est malpropre. Ses rues sont étroites, tortueuses, et nous ne nous en plaignons pas, puisque leur étroitesse nous protége contre la chaleur.

La nouvelle ville, faubourg de la Croix-de-Marbre, a un aspect plus civilisé. Les rues y sont larges, les maisons bien alignées. Le goût parisien a passé par là. Le goût italien n'est pas absent, non plus. Nous, touristes, voudrions voir le goût anglais s'abstenir davantage. Les maisons construites à l'anglaise sont nombreuses. Elles ressemblent à celles de Londres. On y sent l'*exclusivisme* et le *comfort*. Les Nizards ne sont pas de notre avis; ils aiment les Anglais pour leurs guinées et leur passent toutes les fantaisies. Ils n'en auront jamais trop dans leurs murs. En cela, je ne les blâme pas, s'ils rient quelquefois de leurs *excentricités*. Je me sers des mots dont les Anglais ont *enrichi* notre langue depuis 1814.

Sérieusement, ce quartier neuf est fort beau, et n'a rien à envier aux villes les plus favorisées. Les hôtels, bâtis pour une seule famille, sont assez petits, coquets, avec jardin et grille en avant.

La villa Mitikoff est une jolie chose. Ses jardins sont splendides : palmiers, lauriers-roses en fleurs, orangers, citronniers, arbres et plantes exotiques dont plusieurs nous sont inconnus, en forment la décoration.

Sur le bord de la mer s'étale la promenade dite des *Anglais*, parce qu'elle a été créée, en 1824, au moyen d'une souscription recueillie parmi les familles anglaises. Le comité anglais, constitué pour cette grosse affaire, a été laissé libre par les autorités locales. Il a fait les choses magnifiquement.

De cette promenade, la vue s'étend sur la mer à grande distance. Le calme des eaux, le léger bruissement que font entendre les imperceptibles vagues en venant expirer sur la grève, les voiles qui apparaissent à l'horizon, les rosiers qui, de distance en distance, forment, sur la promenade, d'odorants bouquets, les petits massifs de verdure et de fleurs qui se succèdent à intervalles égaux ; les hôtels, avec jardinets et grilles, construits à la dernière mode, tout cela est simple et grandiose à la fois. On resterait plusieurs heures en extase, si le soleil ne vous avertissait du danger d'une station trop prolongée.

Les rosiers en Italie sont bien plus remontants que sous le climat parisien. Chez nous, la floraison de juin est, en général, belle ; elle passe vite sous l'action du soleil. Un assez grand nombre de roses se montrent encore en juillet. Certaines variétés très-florifères en donnent quelques-unes en août ; ces roses n'ont ni la même amplitude, ni la même beauté, ni le même parfum. En septembre enfin, il se produit une revivification, et les rosiers bien conduits donnent une brillante floraison, quelquefois supérieure, le plus ordinairement très-inférieure à celle du printemps.

Pendant tout notre voyage, à partir de Chambéry, nous n'avons cessé de voir les rosiers couverts de fleurs. Les variétés nous étaient connues. Une rose se fanait, elle était remplacée par une rose. Dans le jardin de Jean-Jacques Rousseau, aux Charmettes, les rosiers étaient vraiment splendides.

De notre compartiment de wagon, sur le chemin de fer de Suze à Turin, de Turin à Milan, de Milan à Gênes, de notre impériale sur la Corniche, enfin, à Nice, nous avons partout admiré le même phénomène.

Sur la promenade des Anglais, malgré un soleil brûlant, les rosiers sont chargés de fleurs. Les roses ne paraissent pas souffrir de la chaleur. A Paris, une chaude journée suffit pour les flétrir. En Italie et sous le ciel de Nice, elles résistent et répandent les plus suaves odeurs. Pourquoi cette différence?

Dans toute l'Italie, on prend la précaution d'arroser, de temps à autre, avec discrétion, le pied de chaque rosier.

L'hiver même n'arrête pas la floraison des rosiers à Nice. Nous l'avons appris de personnes dignes de foi.

Heureux climat! heureux Nizards!

« O fortunatos nimium sua si bona nôrint! »

De la promenade des Anglais, sur la gauche, la vue, du côté de terre, est admirable. On embrasse les pentes des hauteurs de la Turbie, couvertes d'arbres d'un vert sombre; plus bas, les prairies, les champs moissonnés, aux teintes contrastées. Quelle idée a eue ce Russe qui s'est construit le château féodal égaré dans la direction de Monaco? La copie est fidèle. J'ai cru revoir l'ancien château qui reste, à demi ruiné, debout sur un mamelon, à peu de distance du château moderne de M. de Chabrol, à Volvic, comme un témoignage de la justice des Grands-Jours.

Je parle de Monaco : vu de la promenade des Anglais, il paraît coquet, frisotté, calme dans sa petite crique. Menton a meilleur aspect; il paraît moins prétentieux. Afin d'attirer les malades ou les gens à la mode qui se fixent à Nice pendant l'hiver, Monaco s'est mise en frais; elle s'est donné le luxe d'une maison de jeu, où vont s'engloutir des fortunes laborieusement acquises. J'aurais voulu que, lors du traité de cession d'une partie de la principauté de Monaco à la France, on eût inséré un article supprimant les maisons de jeu. Le prince de Monaco, belle prérogative de sa souveraineté, devrait fermer ces tristes maisons.

Monaco et Menton sont en rivalité depuis l'annexion. Les habitants de cette dernière ville se moquent de leurs voisins, qu'ils appellent *capons*, parce que, n'étant pas déclarés Français, ils échappent au recrutement. Eux paraissent fiers du privilége de porter les armes. Sont-ils absolument sincères? S'ils le sont, je les en félicite.

La guerre d'Amérique est funeste à Nice, comme elle l'est à Gênes. Marseille, seul, échappe aux conséquences de ce terrible événement par l'immensité de son commerce.

Le port de Nice est donc à peu près désert.

Comme il fait beau vivre en ce pays ! Les fruits sont pour rien : les figues, les pêches, les raisins, se donnent plutôt qu'ils ne se vendent. Il y a huit jours, un navire russe est parti avec une cargaison de pêches achetées quinze centimes la douzaine. Si le spéculateur réussit à conduire à Saint-Pétersbourg le dixième de ses pêches en bon état de conservation, il fera une fortune.

Les fruits (poires, pommes, prunes) sont généralement médiocres, les figues sans rivales, les pêches inférieures. Celles de Montreuil, près Paris, sont les premières du monde.

Sur le bord de la mer, on a élevé une assez belle statue à Charles-Félix, roi de Sardaigne. On le qualifie, par une inscription latine, de défenseur de la liberté des mers. S'il l'a été efficacement, Charles-Félix mérite bien une statue.

Parmi les hôtels coquets de la promenade des Anglais, nous avons remarqué la villa Diesbach. Les amateurs de roses connaissent celle dédiée sous le nom d'Anna Diesbach.

Nous nous sommes fait conduire au *château des Cimiers*, dont les jardins appartiennent à la ville et servent de promenade publique. Nous n'avons pas vu vestige de château. On y arrive par une pente assez rapide, sinueuse ; les bords de la route, encaissée à droite par un mur de rochers, sont couverts d'aloès. L'aloès vit en pleine terre et pousse des hampes de trois mètres. Nous avons à Nice la température africaine. Les palmiers ne sont pas très-nombreux.

Nous eussions été heureux de parcourir en détail le jardin public ; il fait si chaud ! nos têtes septentrionales ne peuvent supporter le soleil brûlant dont les flèches les transpercent. Nous sommes aussi trop peu instruits pour discerner les variétés d'arbres que nous n'avons pas eu encore l'occasion d'observer. J'ai reconnu, sans pouvoir leur donner un nom, ceux importés d'Australie, à la disposition et à la forme de leur feuillage. Un seul nous est connu pour avoir été remarqué au Luxembourg. C'est l'*Eucalyptus globulus*.

Nous regrettons d'autant moins que notre ignorance nous prive du plaisir de savoir le nom de tant d'arbres et arbustes exotiques, qu'un homme dont la capacité dans toutes les branches de l'horticulture et même en botanique est de notoriété, M. Rivière, jardinier-chef du Luxembourg, a visité, l'an dernier, Nice et ses jardins. Membres, comme lui, de la Société impériale et centrale d'horticulture, Henry et moi avions lu, dans le journal de la Société, les intéressants détails donnés sur ce sujet par M. Rivière. Le savant secrétaire rédacteur, M. Duchartre, les a reproduits, avec sa précision et son élégance ordinaires, dans l'un des procès-verbaux des séances de 1863.

La Société impériale et centrale d'horticulture rendrait un véritable service au monde horticole et aussi à la science, si elle chargeait un ou deux de ses membres les plus instruits de visiter les principaux jardins publics et particuliers de la France et de l'étranger, et d'en décrire l'ordonnance et les cultures. Il sortirait de ce voyage un livre utile, plein de notions positives sur le climat, la nature du sol, les méthodes de culture des plantes européennes ou étrangères à l'Europe, la conduite des arbres, tant fruitiers que d'agrément, sur la naturalisation possible des diverses espèces, etc., etc. Je soumets cette idée à la Société. Etendue et mûrie par les hommes éminents qui la dirigent, l'idée, si on la réalisait, conduirait, je n'en doute pas, à des résultats féconds. Une subvention spéciale du gouvernement ne serait probablement pas refusée pour couvrir les frais du voyage.

Nous nous hâtons de nous faire conduire à la plateorme qui domine le jardin, et à laquelle on monte par un bel escalier. De là, on embrasse tout l'horizon. En face, la mer immense, à droite la mer encore, mais limitée par cette côte sur laquelle sont assis Villefranche, Monaco, Menton, Vintimille, remise en lumière, l'hiver dernier, par la jolie ballade : « *Landerirette* et *Landerira*, » due au talent musical de M. Populus. Cette dernière ville, hélas! n'est pas française. Si l'on se place dans un autre sens, les yeux s'égarent sur les déclivités, boisées ou cultivées, des derniers contreforts des Alpes. On contemple le fort de Mont-Alban, qui domine Nice.

Le soleil nous arrache à notre admiration, et, remontant en voiture, nous redescendons vers la ville. En route, nous rencontrons notre Saxon, armé de l'utile parasol : il se dirige à pied vers le point d'où nous venons. Nous nous donnons une poignée de main et rendez-vous est pris pour dix heures à l'hôtel.

Les boulevards de Nice sont plantés d'acacias et de platanes. Le platane oriental y croît avec une rapidité surprenante, comme à Chambéry et dans toute l'Italie septentrionale. Il a des formes plus carrées qu'à Paris.

Je ne puis voir ces beaux arbres sans penser à un fait resté dans ma mémoire, mais que je n'ai pu réussir à vérifier, malgré mes recherches. Il se rapporte soit à Cyrus, soit à Xerxès. Le platane oriental, on le sait, est originaire de l'Asie-Mineure, aujourd'hui l'Anatolie. L'armée de l'un de ces rois, composée de soldats de toute origine, s'avançait exerçant des ravages, rasant les maisons ou les brûlant, abattant les arbres, faisant enfin ce que les armées modernes se sont plus d'une fois permis lorsqu'elles veulent imprimer l'épouvante en pays ennemi.

Le monarque, en véritable fils des *Aryas*, avait le sentiment de la nature ; il aimait les arbres. Ne pouvant arrêter la fureur des soldats, ils donna l'ordre de respecter les végétaux, sinon les hommes, et fit placer une sentinelle au pied d'un vénérable platane, dix fois séculaire. Le platane, ainsi préservé, conserva longtemps le nom d'arbre de Cyrus ou de Xerxès.

Les femmes portent à Nice le chapeau à l'italienne, sans fond, large, bordé de rubans noirs très-étroits.

Nous aurions voulu avoir le temps d'aller présenter à Alphonse Karr le tribut de notre estime pour son caractère et ses œuvres. Notre qualité de vieux Français, de Parisiens, amis des fleurs et, par conséquent, de ses livres, eût suffi, nous en sommes certains, pour nous obtenir un bon accueil.

Alphonse Karr s'est retiré à Nice où, jardinier philosophe, il coule d'heureux jours en cultivant son jardin et les lettres. Nous aurions été heureux de saluer en lui le vrai sage, l'écrivain charmant qui, tout en frondant les mœurs et les travers de son époque, a su rester indulgent pour les faiblesses humaines. Avoir été à Nice sans voir Alphonse Karr, c'est s'être arrêté à Toulon sans en visiter le port!

Je ne sais s'il existe à Nice des ennemis de l'annexion. S'il y en a, ils doivent se convertir, de jour en jour, à des idées plus saines. Depuis l'annexion, Nice a changé de face. Elle est en croissance. Partout les constructions s'élèvent. Nous en avons compté plus de quarante dans une partie des nouveaux quartiers.

Les vingt mille étrangers qui viennent chercher, l'hiver, la santé dans ses murs, ne paraissent pas près de déserter. Les Anglais sont toujours fidèles au rendez-vous. Les belles *misses*, il est vrai, ne peuvent se vanter, à leur retour en Angleterre, d'avoir été en Italie. Bast! l'Italie est si près : elles font une excursion vers Vintimillle ou San-Remo; elles peuvent ensuite parler de l'Italie sans être infidèles à la vérité.

Oui, l'Italie est trop près de Nice, et ici, comme en Savoie, nous avons été trop généreux. Notre véritable frontière était la Roja. Nous devrions posséder le col de Tende. Pauvres habitants de la petite ville de Tende, quelle n'a pas dû être leur amère douleur ! On les avait fait voter, par oui ou non, s'ils voulaient être Français ou Italiens. Naturellement, ils avaient répondu *oui* à l'unanimité. Puis, pour je ne sais quelle raison, leur vote a été négligé, et ils sont restés Italiens !

Notre cocher nous parlait de l'annexion avec fierté; ensuite il baissait la tête, en nous racontant les malheurs des Français abandonnés à l'Italie. Cet homme, ancien valet de chambre du comte d'Avigdor, qui a longtemps représenté à Paris le prince de Monaco, était pour nous la voix du peuple nizard.

Rentrés à l'hôtel, nous avons déjeuné de grand appétit. Le Saxon est venu nous retrouver. A midi et demi, au moment de partir pour aller prendre le chemin de fer à Cagnes, nous avons échangé nos cartes. Notre

— 277 —

aimable compagnon de voyage était M. le baron de F...,
dont la famille joue un rôle brillant à la cour de
Dresde. Il nous a promis de venir nous visiter à Paris.
Nous ne l'avons pas revu. Le soin de sa frêle santé l'a
obligé d'abréger son voyage.

Si ce petit ouvrage parvient jusqu'à lui, M. le baron
de F... saura qu'il existe à Paris deux hommes qui
ont conservé bon souvenir de sa vaste érudition, de
sa conversation spirituelle et de ses manières distinguées. La noblesse saxonne peut, à bon droit, être
fière, si ses fils ressemblent tous à M. le baron de F...

Après avoir touché barre à Toulon, passé à Marseille l'accablante journée du dimanche 9 août, nous
avons pris le train rapide, le soir, à dix heures, et,
le lendemain, 10 août, à six heures du soir, nous
étions à Paris.

Notre voyage avait duré seize jours.

FIN

COUP D'OEIL

SUR

L'HISTOIRE NATURELLE

DE LA SAVOIE ET DU MONT CENIS

PAR

LE DOCTEUR BOISDUVAL

BOTANIQUE. — ENTOMOLOGIE.
— MAMMALOGIE. — ORNITHOLOGIE. — ICTHYOLOGIE. —
ERPÉTOLOGIE.

Aix-les-Bains. — Chambéry. — Notes prises au Musée. — Pépinières Burdin. — Saint-Jean-de-Maurienne. — Hauteurs de Bonne-Nouvelle. — Mont André. — Mont Denys. — Saint-Julien. — Saint-Michel. — Le mont Cenis. — La plaine de la Madeleine. — Le glacier d'Alcore. — Les Ronches. — Le lac Blanc. — Les Échelles. — Suze.

Arrivés le dimanche 26 juillet à Aix-les-Bains, nous avons passé cette journée à explorer les environs qui, sous le rapport de l'histoire naturelle, ne nous ont rien offert de remarquable, si ce n'est un poisson fort estimé que l'on pêche dans le lac du Bouget, le lavaret, *salmo marœna*, qui ne se trouve pas ailleurs en France et qu'il ne faut pas confondre avec l'ombre chevalier, *salmo umbla*, ni avec le *fera* du lac de Genève, qui sont aussi deux excellents poissons du même groupe. Cette partie de la Savoie peut être comparée aux environs de Saint-Laurent-du-Pont pour ses productions. Nous n'avons pas visité la Dent-du-Chat, qui d'après nos prévisions ne nous aurait présenté rien de nouveau en raison de son analogie avec les montagnes qui avoisinent la Grande-Chartreuse.

Le lundi 27, la Société de botanique de France s'est réunie en séance publique sous la présidence de son Eminence Mgr Billet, archevêque de Chambéry et grand amateur de plantes grasses, afin d'arrêter le programme suivant:

1° Pour achever la journée, visite au musée et exploration des environs de la ville.

2° Mardi 28 et 29, herborisation aux environs de Saint-Jean-de-Maurienne.

3° Jeudi 30, départ de Saint-Jean-de-Maurienne par le chemin de fer jusqu'à Saint-Michel, et, ensuite, en diligence jusqu'à Lanslebourg; ascension du mont Cenis en voiture, ou à pied par la Ramasse.

4° Les jours suivants, herborisations sur le mont Cenis, aux Ronches, à l'eau blanche, au petit mont Cenis, etc., jusqu'à la clôture de la session qui devra avoir lieu le 3 août.

En conséquence, nous passons la journée du lundi à visiter la ville et ses alentours, et à prendre au musée quelques notes à la hâte. Nous devons dire d'abord que la végétation des environs de Chambéry a la plus grande analogie avec celle de la plaine du Grésivaudan ; la température y est à peu près la même, les conditions géologiques nous ont paru semblables : ce qui fait que certaines espèces d'arbres et d'arbustes que l'on ne cultive guère que dans le midi de la France prospèrent à merveille dans le jardin de Botanique qui, par suite de l'incurie de l'autorité, est aujourd'hui inculte et dans le plus déplorable état. Nous y avons vu, abandonnés à eux-mêmes, des grenadiers chargés de fruits, des *azédarachs*, des *palinurus aculeatus* en pleines fleurs (1).

Les vastes jardins de M. Burdin, le plus grand pépiniériste du pays, sont remarquables par leur excellente tenue et par les divers végétaux que l'on y cultive en pleine terre. Nous en avons vu beaucoup, qui ne supporteraient pas le climat de Paris, et qui, à Chambéry, bravent très-bien la rigueur des hivers.

De ce nombre sont les espèces délicates de *magnolia*, l'*acacia julibrizin* (arbre de soie des Turcs), et surtout le *cypripedium insigne*, etc., etc. Cela tient moins à la position méridionale de Chambéry qu'à sa situation au centre d'une vallée où les contreforts des

---

(1) On suppose généralement que c'est avec les rameaux aiguillonnés du *palinurus aculeatus* que l'on a fait la couronne du Christ ; mais il est bien plus probable que l'on s'est servi, pour cet usage, des branches épineuses du *zizyphus spina Christi*, arbuste de la même famille, qui croit abondamment en Palestine et dans une grande partie de l'Asie-Mineure.

montagnes la protégent contre les vents de l'est et du nord.

La vallée où se trouve Saint-Jean-de-Maurienne est beaucoup plus resserrée que celle de Chambéry; la chaleur y est plus intense, et l'on pressent déjà le climat de l'Italie. C'est ce qui est démontré pleinement par les productions de ses environs. Sur le versant sud-ouest, où se trouve Notre-Dame de Bonne-Nouvelle, nous avons récolté les plantes suivantes:

Biscutella lævigata,
Xeranthemum inapertum,
Herniaria incana,
Androsace maxima,
Medicago orbicularis,
Buplevrum aristatum,
Gypsophila saxifraga,
Astragalus cicer,
Monspessulanus,
— *aristatus,*
— *onobrychis,*
Dianthus sylvestris,
Stipa pennata,
— *juncea,*
Onosma stellulata,

charmante boraginée à fleurs d'un jaune d'or et ayant les plus grands rapports avec l'*Echioïdes*. Cette plante était déjà un peu avancée, et plusieurs pieds étaient en graines. Nous avons recueilli ceux des fruits qui nous ont paru être mûrs pour en faire un semis en terrine à notre retour à Paris. Au bout de trois mois, nos graines ont levé, et aujourd'hui nous en avons quelques pieds que nous espérons voir fleurir l'année prochaine.

Malgré la saison un peu avancée, les entomologistes qui faisaient partie de notre petite troupe y ont pris plusieurs insectes propres aux régions chaudes de la France, tels que :

Mylabris variabilis,
— *quadripunctata.*
Cerocoma Schœfferi,
Dasytes quadripustulatus,
Byrrhus murinus,
Hoplia dubia,
Cetonia morio,
Lagria glabrata,
Leptura hastata,
Ascalaphus italicus,
Mantis religiosa.

Cet insecte, que les habitants du midi de la France appellent *prega-diou*, était très-commun sur les tiges de graminées dans les endroits rocailleux au-dessus de la chapelle de Bonne-Nouvelle. Mais la majeure partie n'était pas encore à l'état complet.

Zygœna fausta,

Zygœna scabiosœ,
Syntomis phegea,
Satyrus arethusa,
— *alcyone,*
Callimorpha dominula.

Cette chélonide était abondante le long du chemin qui longe le coteau, et dans les vignes environnantes.

Si on abandonne ces coteaux calcaires, au bas desquels sont des vignobles qui donnent un vin renommé, et que l'on fasse, au nord de Saint-Jean, l'ascension du mont Denys, la nature du sol change totalement ; ici on trouve des roches formées de quartz, de calcaire et de schistes parfois mêlés d'anthracite, que l'on ne gravit qu'avec peine, à moins qu'on n'ait le pied montagnard, comme le chanoine d'Humbert.

Au fur et à mesure que l'on monte, la végétation méridionale disparaît, et fait place à des plantes du premier plateau, telles que l'absinthe commune, qui y croît avec abondance et que les habitants de la Suisse viennent faucher à certaines époques pour préparer ce poison végétal qui fait, de nos jours, tant de victimes.

Les *astragalus aristatus* et *Monspessulanus* sont remplacés par la *globularia cordifolia,* le *silene quadridentata,* la *saxifraga aizoon,* etc., etc. En continuant de monter, lorsque l'on dépasse le mont André, la nature alpine se prononce de plus en plus.

Nous avons recueilli dans les prés élevés et au bord des sentiers tortueux qui conduisent au village les plantes suivantes :

Dryas octopetala,
Potentilla aurea,
Polygala chamæbuxus,
Anemone alpina,
Arbutus uva ursi,
Ononis rotundifolia,
Scabiosa sylvatica,
— *ochroleuca,*
Veronica urticæfolia,
Scutellaria alpina,
Linaria alpina,
Erinus alpinus,
Gentiana verna.

Cette petite gentiane était assez abondante dans les prés au milieu du *Polygala chamæbuxus,*

Thymus alpinus,
Saponaria ocymoides,
Pyrola rotundifolia,
— *secunda,*
— *chlorantha,*
Leuzea conifera,
Mathiola varia,

qui n'est peut-être qu'une modification de la *tristis.*

Cette dernière plante, sur laquelle M. Cosson, dans

son discours d'ouverture, a appelé l'attention de la Société, a été retrouvée abondamment, sur l'indication du chanoine d'Humbert, entre Saint-Michel et le fort de l'Esseillon, sur des rochers, au bord de la rivière d'Arq.

S'il est pénible de monter, il est dangereux de descendre, surtout lorsque l'on n'a pas l'habitude de ces sortes d'excursions. Le sieur X..., qui nous accompagnait, et qui avait voulu nous servir de guide pour nous conduire à Saint-Julien par le chemin le plus court, nous a fait prendre un sentier très-étroit formé de schistes vacillants, longeant, dans toute sa longueur, une gorge profonde ou plutôt un précipice, au bas duquel coulait un torrent. Malheur à celui qui serait pris du moindre vertige, il se précipiterait infailliblement dans l'abîme !

Parvenus au milieu de cette descente, nous avons rencontré quelques arbustes rabougris, parmi lesquels nous avons vu des chèvrefeuilles à fruits bleus, et des *amélanchiers* dont les fruits nous ont paru fort agréables ; enfin, arrivés, après ce voyage pénible et difficile, au village de Saint-Julien, près des petits vignobles qui produisent les meilleurs vins de la Savoie, nous avons cueilli, dans les lieux frais, le *sysimbrium acutangulum*. La flore de Saint-Julien nous a paru, au reste, être la même que celle des bords de l'Isère en Dauphiné ; il en est de même pour l'entomologie :

l'époque avancée n'a pas permis, d'ailleurs, aux amateurs d'insectes de bien apprécier ces localités, qu'ils comparent aux environs de Grenoble et du bourg d'Oysans.

En sortant de Saint-Michel pour se diriger sur le mont Cenis, la végétation sous-alpine se continue jusqu'à Lanslebourg ou Lanzoborgo comme disent les Italiens. On voit partout, dans les lieux frais et humides, l'*alchemilla vulgaris*, la *parnassia palustris*, la *campanula pumila*, le *sisymbrium obtusangulum*, et, le long de la route, là où il y a de petites sources ou un filet d'eau courante, la jolie *saxifraga aizooides*, qui, par son port et ses jolies fleurs d'un jaune d'or, ressemble à un *sedum*.

Arrivés au sommet du mont Cenis, on est tout à fait sur le troisième plateau, presque au pied des glaciers. C'est là que la flore alpine proprement dite, étale tout son luxe. En effet, il suffit de se promener dans les prairies qui environnent le lac et de se baisser pour recueillir presque toutes les plantes des hautes régions, telles que :

Anemone vernalis,
  — *alpina,*
  — *narcissiflora,*
Trollius europœus,
Ranunculus alpestris,
  — *villarsii,*

Ranunculus platanifolius,
— *aconitifolius,*
Arabis bellidifolia,
— *cœrulea,*
Saponaria ocymoides,
— *lutea.*

Cette dernière plante à fleur d'un jaune soufre pâle et dont les stations connues sont peu répandues, se trouve assez fréquemment dans les fissures des rochers à l'ouest du lac, d'où il est impossible de l'arracher complétement.

Cacalia alpina,
— *petasites,*
Arenaria gerardi,
— *biflora,*
Geranium pratense,
— *aconitifolium,*
Aconitum lycoctonum,
— *anthora,*
Veratrum album,
Trifolium badium,
— *alpinum,*
— *alpestre,*
Lonicera alpigena,
Hypericum Richeri,
Alchemilla alpina,
Sisymbrium irio,

Laserpitium gallicum,
Sempervivum funckii,
— *tomentosum,*
— *flagelliforme,*
Aretia vitaliana,
Dianthus neglectus,
Silene rupestris,
Dryas octopetala,

très commune partout, autour du lac, sur la terre et dans les crevasses des rochers.

Buplevrum ranunculoides,
Oxytropis campestris,
Gypsophila repens,
— *saxifraga,*
Astrantia major,
— *minor,*
Vaccinium vitis idæa,
— *uliginosum,*

Cette plante est très-abondante au milieu des rhododendrons, et nous nous sommes désaltérés avec ses fruits qui nous ont paru aussi agréables que ceux du myrtille de nos bois.

Empetrum nigrum,
Potentilla aurea,
— *rupestris,*
Sedum atratum,
— *anacampseros,*

Saxifraga moschata,
— *muscoides,*
— *rotundifolia,*
— *hypnoides,*
— *oppositifolia,*
— *aizoon,*
Ligusticum apioides,
— *meum,*
— *mutellinum,*
Athamanta Cretensis,
Sonchus Plumieri,
Hieracium aurantiacum,
— *cymosum,*
— *sabinum,*
— *alpinum,*
— *villosum,*
— *Halleri,*
— *grandiflorum,*
— *lanatum,*
— *piloselloides,*
Centaurea montana,
— *alpina,*
— *uniflora,*
Aster alpinus,
Bartsia alpina,
Pedicularis comosa,
— *giroflexa,*

Pedicularis verticillata,
— *rostrata.*

Il existe, probablement, dans les vastes prairies du plateau du mont Cenis, d'autres espèces de pédiculaires, mais, ou elles nous ont échappé, ou leur état trop avancé ne nous a pas permis de les reconnaître.

Orchis globosa,
— *pallens,*
— *albida,*
Nigritella alpina.

Ici, les orchidées sont généralement rares; c'est à peine si on en rencontre, çà et là, quelques pieds, et encore est-ce dans les prairies montueuses situées derrière l'hospice ou les Tavernettes. Dans celles qui entourent le lac du mont Cenis, nous n'avons vu que l'*orchis latifolia.*

Colchicum alpinum.

Charmante petite plante qui étale au soleil sa jolie corolle d'un blanc très-légèrement lavé d'incarnat. Nous ne l'avions trouvée en France que dans les Alpes de Saint-Christophe.

Cortusa Mathioli.

Avant l'annexion de la Savoie, cette rare primulacée n'existait pas en France. Nous l'avons trouvée abondamment, sur l'indication de M. Perrier, botaniste d'Albertville, dans un petit bois d'*alnus viridis*, situé dans une gorge étroite à l'ouest, et à environ un kilomètre du bord du lac. Elle aime les lieux frais et couverts ; nous l'avons récoltée mélangée à la *viola biflora* et à la *saxifraga rotundifolia.* Dans le fond de cette gorge coule un ruisseau alimenté par la fonte des neiges. C'est sur la droite de ce ruisselet que se trouve le petit bois en question. La cortuse descend jusque sur le talus qui longe le ruisseau. Tous les pieds que nous avons vus étaient en graines. Nous en avons arraché quelques-uns que nous cultivons avec succès et qui ont parfaitement fleuri cette année. Cette plante aime le terreau de feuilles mélangé de terre de bruyère.

Primula viscosa,
— *farinosa.*

Dans toutes les prairies marécageuses, mélangée avec la *Kobresia caricina* et de la *gentiana bavarica.*

Arnica montana,
Bellidiastrum Michœli,
Gentiana acaulis,
— *tutea,*
— *punctata,*
— *asclepiadea,*
— *Bavarica,*
— *nivalis,*
Swertia perennis,
Veronica Allionii (1),

(1) C'est cette véronique que les habitants des montagnes recueillent et emploient sous le nom de *thé suisse,* et non la véro-

Veronica alpina,

— *fruticulosa,*

— *bellidioides,*

Saussurea alpina,

l'une des plantes rares de notre excursion. Elle se trouve dans une prairie à l'ouest du lac. Elle y est peu commune. Nous n'en avons vu que trois ou quatre pieds en fleurs. Dans cette même localité nous avons recueilli, au bord d'un petit bois, le beau *cirsium helenioides*, qui nous avait été signalé par notre ardent compagnon de voyage, M. Verlot.

Crepis aurea,

Gnaphalium alpinum,

Campanula barbata,

— *thyrsoidea,*

— *rhomboidalis,*

Phyteuma Halleri,

— *spicata* à fleurs bleues,

Silene rupestris,

— *acaulis,*

— *exscapa,*

Soldanella montana,

Viola biflora,

nique officinale de nos bois. Au reste, ces deux plantes sont assez voisines pour jouir des mêmes propriétés médicales. Nous avons souvent essayé de cultiver la véronique d'Allioni : jamais nous n'avons pu obtenir sa floraison, il lui faut l'air pur et raréfié des hautes sommités.

Viola calcarata.

Nous avons trouvé, en outre, une autre violette à larges fleurs jaunes, qui s'élève à la hauteur des grandes herbes, et qui appartient évidemment au groupe des pensées. Nous ignorons le nom qu'elle a reçu: les quelques pieds que nous avions rapportés se sont desséchés pendant notre voyage, et il nous a été impossible de la cultiver. C'est peut-être la *viola alpestris* de Jordan.

Salix myrsinites,
— *humilis,*
— *herbacea,*
— *reticulata,*
Anthericum liliastrum,

si connu à la Grande-Chartreuse sous le nom de lis de Saint-Bruno.

Lilium martagon,
Toffieldia palustris,
Luzula nivea,
— *flavescens,*
Juncus alpinus,
— *triglumis,*
Carex alpina,
— *leporina,*
— *recurva,*
— *rupestris,*
Kobresia caricina,

très-commune dans les prairies spongieuses au sud du lac.

Phleum Gerardi,
Festuca spadicea,
— *Halleri,*
— *violacea,*
Agrostis filiformis,
Avena distichophylla,
— *montana,*
Phalaris alpina,
Poa alpina,
Asplenium viride,
Polypodium lonchitis,
Cœnopteris montana,
— *regia,*
— *fragilis,*
Botrychium lunaria,
Lycopodium selago,
— *selaginoides,* etc. etc.

Les belles prairies qui entourent le lac du mont Cenis, ou qui se trouvent au dessous des glaciers, sont, au mois de juillet, de véritables parterres émaillés d'*aster alpinus*, de *viola calcarata* (1), de *chrysanthe-*

---

(1) Cette violette est excessivement abondante dans les prairies des hautes montagnes; les habitants de la Suisse, de la Savoie et des Hautes-Alpes en font sécher de grandes quantités qu'ils expédient partout. C'est cette espèce qui fournit toutes les

mum leucanthemum, d'*athamantha Cretensis*, de *hieracium* aux couleurs d'or, de *campanula barbata* et *rhomboidalis*, de *hyteuma Halleri* et *spicata*, de *parnassia palustris*, de *dianthus neglectus*, de *gypsophiles*, de *centaurées alpine* et *uniflore*, de *lis martagon*, de *cacalias*, etc., au milieu desquels se balancent gracieusement les houpes soyeuses des *ériophores* et les épis argentés des grandes graminées alpines.

C'est au milieu de ces ravissantes prairies que les entomologistes, qui arrivent à l'époque convenable, peuvent, sans se donner trop de fatigue, prendre les lépidoptères suivants:

Parnassius Apollo,
— *Phœbus,*
Colias Phicomone,
— *Palœno,*
Pieris Callidice,
Lycœna Eros,
— *Damon,*
— *Donzelii,*
— *Optilete,*
— *Eumedon,*
— *Pheretes,*
— *Orbitulus,*

fleurs de violette employées en médecine, et non la *viola odorata*, dont les fleurs perdent leur couleur bleue par la dessiccation.

Polyommatus virgaureæ,
— *Eurydice,*

qui n'est très-probablement qu'une variété alpine de notre *Chryseis.*

Argynnis Niobe,
— *Amathusia,*
— *Pales,*
Erebia Ceto,
— *Manto,*
— *Cassiope,*
— *Dromus,*
— *Pyrrha,*
— *Blandina,*
— *Arachne,*
— *Stygne,*
— *Gorge,*
— *Mnestra,* etc.
Syrichtus serratulæ,
— *cacaliæ,*
Zygœna exulans,
Setina aurita,
— *ramosa,*
Nemeophila plantaginis,

plus rarement la variété *hospita,*

Polia cæsia,
Plusia divergens,
— *bractea,*

On trouverait certainement, dans ces régions élevées, beaucoup d'autres noctuélides dont nous n'avons pas aperçu la trace. Il faudrait, pour bien connaître cette partie de l'entomologie du mont Cenis, y séjourner plusieurs mois et faire l'éducation des chenilles.

Gnophos glaucinaria,
Psodos trepidaria,
Pygmœna Venetaria,
Acidalia flaveolaria,
— *rufaria,*
Cleogene tinctaria,
Larentia cœsiaria,
— *lotaria,*
Anaitis prœformaria,
Tanagra chœrophyllaria.

Nous avons observé, en outre, dans les prairies quelques microlépidoptères, tels que *botys, crambus, eudorea,* etc.; mais nous n'avons pas eu le temps d'en récolter.

Ici, la végétation arborescente n'existe plus, sauf quelques pieds rabougris d'*alnus viridis* et des *rhododendrons;* c'est ce qui explique la raison pour laquelle les coléoptères ne paraissent pas y être très-communs : à l'exception de quelques carabiques qui se cachent sous les pierres, dont la plupart sont des *féroniens,* de quelques *lepturètes,* de quelques *curculionites* et de certains genres de *chrysomélines* que l'on voit, de temps en temps, sur les fleurs, il y a peu d'espèces à récolter. Il y aurait peut-être plus à espérer pour la famille des hymnoptères.

Tandis que la majeure partie de nos collègues gravissait les montagnes pour aller aux Ronches, MM. Goumain-Cornille, Berce, Alaria notre guide, et moi, partions de derrière l'hospice pour monter au glacier d'Alcore. Sur notre chemin nous avons rencontré certaines plantes qui n'existent pas dans la région inférieure, telles que :

Androsace carnea,
Oxytropis fœtida,
Sibbaldia procumbens,
Phyteuma pauciflora,
Cherleria sedoides,
Lychnis alpina,
Draba nivalis,
Artemisia glacialis,
— *mutellina,*
Cerinthe minor,
Alyssum alpestre,
Doronicum scorpioides,
Cacalia leucophylla,
Senecio incanus,
Achillœa nana,
Gnaphalium leontopodium,
Saxifraga cæsia,

Saxifraga retusa,
Veronica aphylla,
Potentilla Pedemontana,
Petrocallis pyrenaica,
Poa frigida, etc. etc.

A leur retour, après un de ces orages comme on n'en voit que dans les hautes montagnes, mais qui généralement sont de courte durée, nos compagnons, MM. l'abbé Chevalier, Jamin, Barat et Verlot, nous ont offert obligeamment les espèces qu'ils rapportaient des Ronches, et que nous n'avions pas trouvées en essayant d'arriver jusqu'au glacier d'Alcore. De ce nombre étaient :

Viola Cenisia,

qu'il nous a été impossible de cultiver.

Campanula Allionii,
— *Cenisia,*
Saxifraga exarata,
— *planifolia,*
— *androsacea,*
— *diapensioides,* etc.

Nous n'avons pas fait l'ascension aux eaux blanches; ceux de nos collègues qui l'ont accomplie, entre autres MM. Verlot et Gaudefroy, y ont trouvé à peu près les mêmes plantes qu'aux Ronches. Cependant nous devons signaler deux raretés de premier ordre, *valeriana Celtica,* et *primula Pedemontana,* qu'ils n'ont rencontrées que dans cette localité.

Pendant que ces messieurs que nous avions accompagnés jusqu'à Grande-Croix, se dirigeaient vers le lac Blanc, nous, nous descendions les échelles pour arriver à Suze. Nous observions, le long de cette route aussi effrayante que pittoresque, que la végétation alpine et sous-alpine s'effaçait graduellement, et qu'au bas des montagnes elle redevenait méridionale pour rester à peu près la même jusqu'à Milan. A notre retour de la Lombardie, le professeur Cesati, de Verceil, avec lequel nous avions fait connaissance dans notre compartiment, nous a indiqué, sur une colline, tout près de Suze, le *telephium Imperati*. Il a même eu l'obligeance d'aller nous chercher un fagot de cette plante pendant que l'on préparait notre dîner. En revenant à l'hôtel, il trouva son ami John Ball, botaniste anglais, à qui la nature a donné des jarrets d'acier et un cœur d'or (1).

En résumé, nous dirons, qu'à nos yeux, le mont Cenis, malgré sa réputation européenne, nous a paru moins intéressant que le Lautaret. Sauf deux ou trois plantes, comme *valeriana Celtica, saponaria lutea* et *primula Pedemontana*, tout le reste se retrouve dans les Alpes dauphinoises.

Le Galibier, le haut Richard, les trois évêchés, le

(1) M. John Ball est le président du club des grimpeurs anglais. C'est un charmant compagnon, qui n'a rien du flegme britannique.

Pelvoux, les glaciers de la Grave, etc., sont certainement plus riches que les Ronches et les environs du lac Blanc. Nulle part, au mont Cenis, nous n'avons aperçu la *saxifaga biflora*, le *myosotis nana*, l'*aretia Helvetica*, l'*artemisia tanacetifolia*, le *dracocephalum Ruyschianum*, etc., etc.

Il nous reste encore à dire un mot pour indiquer au lecteur quelques animaux vertébrés propres aux hautes montagnes et spécialement à la Savoie et aux Alpes dauphinoises. C'est au Musée que nous avons pris nos notes pour les espèces que nous n'avons pas vues en nature. Mais il s'en faut de beaucoup que le Musée de Chambéry soit aussi riche que celui de Grenoble, dont la conservation, nous dirons presque la direction, est confiée aux soins intelligents du savant M. Bouteille, homme plein de zèle et de dévouement.

MAMMIFÈRES.

Outre nos espèces domestiques et ces petits mammifères rongeurs ou carnassiers, tels que hérisson, muscardin, loir, lérot, rats, arvicoles, musaraignes, martre, putois, loutre de rivière, etc., la Savoie, de même que les Alpes, possède les espèces suivantes :

Le loup cervier (*canis lycaon*).

Ce loup, dont le pelage est entièrement noir, est extrèmement rare, et ce n'est qu'accidentellement qu'il a été tué dans les Alpes de la Savoie et même dans les Pyrénées.

Le loup commun (*canis lupus*),

est malheureusement trop fréquent. C'est la terreur des pâtres et des bergers. Dans les hivers, ces animaux se réunissent en troupes et suivent quelquefois les diligences et autres voitures attelées de chevaux ou de mulets. Malheur à celui qui s'abattrait, il serait inévitablement dévoré. Il est rare qu'il se jette sur l'homme, à moins qu'il ne soit très-affamé ou enragé. On nous a cependant cité des histoires de personnes mangées par des loups.

Le renard (*canis vulpes*),

est relativement moins commun que le loup, dans la Maurienne et la Tarentaise.

L'ours (*ursus arctos*).

L'ours des Alpes est-il le même que celui des Pyrénées ou des Asturies ? La plupart des naturalistes disent oui. Feu Frédéric Cuvier, dans un travail spécial, dit non, et fait plusieurs espèces de nos ours européens. Nous avons vu souvent les ours en question au Jardin des Plantes de Paris, et nous avouons que rien dans leur *facies* ne nous a offert de différences bien appréciables.

L'ours, à l'état sauvage, se tient dans les montagnes boisées, où il mène une vie solitaire et monotone. Il se nourrit de racines et autres parties des végétaux. Il aime les fruits acides, comme ceux de la ronce, de l'épine-vinette, de la buxerole, etc.; il mange aussi des fourmis, probablement à cause de leur acidité. Mais c'est surtout de miel qu'il est le plus friand. Il grimpe dans les arbres creux, lorsqu'il y a découvert un essaim d'abeilles; il s'approche des habitations et renverse les ruches : c'est ce qui arrive de temps en temps dans les Hautes-Alpes, aux environs du Monestier et de Villars-d'Arène, deux localités qui produisent un miel fort estimé dans le pays. Ce n'est que pressé par la faim que l'ours se nourrit d'animaux ou de charognes. Lorsque nous nous trouvions à Saint-Nizier, en 1858, guidé par M. Verlot aîné, professeur d'arboriculture et directeur du jardin des plantes de Grenoble, il y en avait un qui venait, pendant la nuit, déterrer et manger les pommes de terre dans le jardin du maître d'école de ce triste village. Ces animaux sont moins féroces qu'on ne le croit généralement. Ils valent mieux que leur réputation. Jamais ils n'attaquent l'homme, mais, quand on les provoque, ou que l'on s'approche d'une femelle qui a des petits, il y a un vrai danger. On s'expose à être étouffé entre leurs bras puissants plutôt encore qu'à être dévoré.

L'ours ne tombe pas en léthargie pendant les froids, comme on le suppose à tort. Lorsque l'hiver se fait sentir un peu vivement, il se retire dans un creux d'arbre, dans un trou sous un rocher, ou dans une hutte qu'il se construit avec quelques branchages, des herbes sèches et de la mousse. Comme il est très-gras à la fin de l'automne, il peut vivre longtemps de sa propre substance ; il dort beaucoup, et, de temps à autre, il met le nez à l'air comme pour regarder s'il peut se mettre en route. S'il juge que le moment n'est pas opportun, il retombe dans son état de somnolence. Tout le monde a vu au Jardin des Plantes la fosse où sont les ours, et a pu s'assurer que, pendant les hivers les plus rigoureux, ces animaux étaient aussi éveillés qu'au printemps.

L'ours, quand il n'est pas trop vieux, est très-bon à manger. Il y a une vingtaine d'années, dans un de nos voyages aux Alpes, on nous a servi, au bourg d'Oysans, un cuissot d'un ourson rôti au four et des côtelettes à la sauce piquante. Ces deux plats nous ont paru excellents et dignes de figurer sur les meilleures tables. Nous préférons, et de beaucoup, la chair de l'ours à celle du sanglier.

En Russie, les jambons d'ours jouissent d'une réputation méritée et sont fort recherchés. En Californie, on vend, au même prix que la viande de bœuf, dans toutes les boucheries de San-Francisco et de Sacramento, le *great grisely* (l'ours terrible), qui pèse souvent quatre à cinq cents kilogrammes. Tout le monde en mange, et on le préfère à la chair du bœuf. On le prépare de différentes manières, rôti à la broche ou au four, en étuvée, en pâté et surtout grillé en *bearteack*. On dit que le filet, sauté au vin de madère, est ce qu'il y a de mieux.

Il y a deux ans, les curieux s'arrêtaient, rue de Tournon, à la porte de M. Foyot, le Vatel et le Chevet du faubourg Saint-Germain, pour contempler un ours qu'il avait fait venir, à grands frais, de la Savoie. L'animal était d'une belle taille moyenne, mais les amateurs se sont présentés en si grand nombre qu'il n'y en a eu que pour quelques clients privilégiés.

Le blaireau (*ursus meles*).

Le blaireau, que nos aïeux appelaient *tesson*, n'est pas très-répandu dans les pays de montagnes. Il a une vie souterraine, ne sort guère que la nuit, et se nourrit de musaraignes, mulots, sauterelles et autres insectes. Il fouit dans les prairies pour déterrer des larves de hanneton et sutout des nids de guêpes et de bourdons, dont il est très-avide. Cet animal habite presque toute l'Europe.

Le sanglier (*sus scrofa*),

assez commun dans quelques cantons de la Savoie.

Le sanglier est le type de tous nos cochons domestiques.

Le lièvre (*lepus timidus*).

Dans les hautes montagnes, surtout pendant l'hiver, il devient tout blanc comme certains lapins. Dans cet état, il est connu sous le nom de *blanchon*.

L'écureuil (*sciurus vulgaris*).

L'écureuil est commun dans toutes les forêts de hêtres et de sapins de l'Europe. Mais, chez quelques individus, en Savoie, le pelage change de couleur en hiver, et devient gris-cendré. En Scandinavie et dans les régions septentrionales, tous les écureuils prennent à cette époque de l'année cette teinte ardoisée. Ils constituent alors *le petit gris* des fourreurs.

La belette hermine (*mustela erminea*),

plus commune dans la Tarentaise que dans la Maurienne. Elle s'approche moins des habitations que la belette commune, dont elle ne diffère guère que par la couleur de la queue qui est d'un noir profond, au lieu d'être d'un brun roux. En été, cette belette est brune en-dessus, avec le ventre d'un blanc lavé de jaune. En hiver, elle devient toute blanche, sauf la queue qui reste noire. Dans cet état, elle constitue l'hermine du commerce. L'animal est très-petit : ce qui fait que les véritables fourrures d'hermine sont assez rares et très-chères. Mais l'habileté des marchands y supplée parfaitement avec du lapin de Pologne. Presque tous les manchons et toutes les palatines que portent la plupart des femmes du demi-monde, et qui aux yeux du public passent pour de l'hermine, ne sont que du lapin pour le zoologiste.

La marmotte (*arctomys marmotta*).

Tout le monde connaît la *marmotte en vie* que les petits savoyards de la Tarentaise et de la Maurienne portent sur leur dos dans une boîte. C'est le plus souvent toute la fortune de ces pauvres enfants, que la misère et la rigueur des hivers forcent d'émigrer (1). Ils marchent à pied tout le long de la route, couchant dans les étables ou dans les granges, s'arrêtant dans les petites villes pour montrer la *catharina* ; et, enfin, ils arrivent à Paris ou dans quelque grande ville où ils récoltent des *petits sous*, dont ils économisent une partie qu'ils remportent à la montagne.

La mamotte s'apprivoise facilement. Dans l'état sauvage, c'est un des animaux les plus intelligents. Elle se tient sur les hautes montagnes où elle se creuse des terriers fort profonds, composés de deux galeries se

---

(1) Une belle marmotte se vend de 2 fr. 50 à 3 fr.

réunissant en une sorte de cul-de-sac. C'est toujours par la supérieure qu'elle entre et qu'elle sort. Une marmotte ne travaille jamais seule, mais par petites familles, qui se réunissent pour couper et charrier l'herbe et la mousse destinées à garnir le fond du terrier où elles passent, en commun, sept ou huit mois dans un sommeil léthargique. Lorsque les marmottes rentrent dans leur trou, elles emportent dans leur bouche une poignée d'herbes, pour en boucher et dissimuler l'orifice. Aussi est-ce toujours à reculons qu'elles pénètrent dans leur domicile. Nous en avons quelquefois aperçu sur le Galibier, jouant et broutant sur le gazon, pendant les journées les plus chaudes de la belle saison. Mais, ce qui démontre la haute intelligence de ces animaux, c'est qu'il y en a toujours une qui monte la garde et fait sentinelle sur la pointe d'un rocher. Au moindre danger, celle qui est de faction pousse une espèce de sifflement aigu, et toute la troupe disparaît comme par un coup de baguette. La chair de la marmotte, dont on nous a servi au Lautaret, sent le sauvage et nous a paru détestable.

Le chamois (*antilope rupicapra*).

Le chamois habite, par petits troupeaux de douze à trente, les lieux les plus inaccessibles des hautes montagnes. Il bondit d'un rocher sur un autre, sautant souvent de plus de dix mètres dans un endroit où il a tout juste la place suffisante pour rassembler ses pieds. On ne rencontre guère ces antilopes que le matin et le soir. C'est le moment où ils prennent leur nourriture. S'ils ne sont pas poursuivis, ils passent presque toujours par le même endroit. C'est là que le chasseur les attend à l'affût.

Le chamois, lorsqu'il est préparé convenablement, est ausi bon que le chevreuil. Quelques personnes même le préfèrent. Mais pour cela il faut qu'il soit mariné à point. On nous en a servi à la Grave, à l'auberge de la Poste, qui avait été conservé dans le sel, et qui, dans cet état, ne pouvait donner une idée de cet excellent gibier. Nous-mêmes, à notre dernier voyage au Lautaret, nous avons préparé, avec du chamois qui avait été tué la veille, certain civet dont nos compagnons d'herborisation conservent encore le souvenir, bien qu'il ait été cuit sur un feu de bouses de vache, faute d'autre combustible.

OISEAUX.

Le plus grand et le plus redouté des oiseaux de proie propres aux hautes montagnes est, sans contredit,

Le gypaète barbu (*gypaetes barbatus*).

Ce vautour, appelé aussi *lemmer geyer*, est heureusement assez rare. Il se tient sur les pointes les plus inaccessibles des Alpes. Les gypaètes, comme les tigres, ne vivent que de proies palpitantes. Ils se réunissent deux ou trois ensemble pour chasser de compagnie, et, lorsqu'ils aperçoivent un jeune chamois, un agneau ou un autre animal, ils fondent dessus comme la foudre et l'emportent dans leur aire pour le dévorer. Dans un de nos voyages dans les Hautes-Alpes, on nous racontait que, l'année précédente, un gypaète avait enlevé et emporté une petite fille de quatre ans, malgré la présence de son frère âgé de dix ans, qui avait fait tout ce qu'il pouvait pour arracher sa sœur des serres de ce terrible oiseau.

Le vautour cendré (*vultur cinereus*),

habite aussi les montagnes de la haute Savoie.

Le vautour griffon (*vultur fulvus*),

se tient, comme le précédent, sous l'entablement des plus hauts rochers.

Les vautours sont lâches, ils n'ont rien de la noblesse et de la fierté des aigles. Ils se nourrissent de charognes et s'en gorgent tellement, lorsque l'occasion est bonne, qu'ils ont de la peine à reprendre leur vol.

L'aigle royal (*falco fulvus*),

assez rare dans les montagnes de la Savoie. Cet oiseau, moins redoutable pourtant que le gypaète, a de tout temps été regardé comme un cruel dominateur des airs. Il est farouche, doué d'une très-grande force, et se tient ordinairement dans les rochers les plus escarpés. Il aime la vie solitaire, et c'est tout au plus si, en dehors de la saison des amours, il souffre la présence de la femelle dans son voisinage. Son vol est rapide et semble capable de surmonter tous les obstacles. Dans aucun autre oiseau il n'est plus élevé. Sa vue est tellement perçante, que, si, du haut des airs, il aperçoit quelque petit quadrupède, il fond sur lui comme un trait. Il ne se nourrit que de proies vivantes. Son appétit est vorace et sa force prodigieuse; il enlève des agneaux et de jeunes chamois. Il est rare qu'il attaque les gros oiseaux, et ce n'est que dans un besoin extrême qu'il se jette sur un animal mort. Chacun a remarqué l'attitude fière et noble de cet oiseau que les poètes ont consacré à Jupiter et qui, de nos jours, est considéré comme le symbole de la puissance impériale et surmonte la hampe du drapeau français.

On tue quelquefois encore dans la haute Savoie quelques autres aigles, tels que :

L'aigle balbuzard (*falco haliaëtos*).

Il vit de poissons et se tient dans le voisinage des lacs et des étangs.

Nous avons vu, en outre, dans les musées de Chambéry et surtout de Grenoble, une foule d'autres oiseaux de proie communs à presque toute l'Europe, depuis le milan jusqu'à l'émerillon. Nous ne passerons pas sous silence cependant un rapace nocturne, propre aux régions polaires, qui se trouve aussi en Savoie. C'est :

Le grand-duc (*strix bubo*).

Il habite le creux des rochers dans les plus hauts sommets, d'où il ne sort que la nuit. Outre cet énorme oiseau de nuit, on rencontre encore, comme dans le reste de la France, les *strix ulula,* — *otus,* — *stridula, aluco,* etc.

Toutes les espèces du genre corbeau, moins le *coracias* des Pyrénées, se trouvent en Savoie, mais la plus remarquable est le vrai :

Corbeau (*corvus corax*).

Il est presque aussi gros qu'un chapon. Il niche dans les anfractuosités des rochers. Dans l'hiver, on le tue assez souvent au bord de l'Isère ou de l'Arq, où il descend pour se nourrir de quelque proie morte que l'eau a rejetée sur les bords.

Le grimpereau des murailles (*certhia muraria*),

charmant oiseau, propre exclusivement aux hautes

montagnes. Il niche dans les creux de rochers ou dans les trous des vieux édifices. Il y a quelques années, nous en avions un nid sous notre fenêtre à la Grande-Chartreuse.

La famille des gallinacés est largement représentée en Savoie, de même que dans les hautes Alpes. Les braconniers des montagnes, qui redoutent peu les gendarmes, font une guerre continuelle aux oiseaux de ce groupe, dont nous voyons, de temps en temps, pendant l'hiver, des exemplaires exposés chez les marchands de gibier à Paris. Nous citerons :

Le grand coq de bruyère (*tetrao urogallus*),

beaucoup plus gros qu'un chapon. Il se tient dans les forêts de sapins, où il est assez rare. A Paris, c'est un gibier recherché pour les tables somptueuses. Nous avouons franchement qu'il vaut moins que sa réputation. Sa chair sent la térébenthine : ce qui est dû à ce qu'il se nourrit, en partie, des pousses tendres des arbres résineux. En Russie, où il est excessivement commun, il n'y a guère que les gens de la classe inférieure qui achètent cet oiseau.

Le petit coq de bruyère (*tetrao tetrix*),

plus commun que le précédent. Assez médiocre comme gibier. Quelle différence entre ce tétras et le *grous* d'Écosse, *tetrao scoticus*, dont la chair est plus délicate que celle de nos perdrix!

La gélinotte (*tetrao bonasia*).

Les gélinottes se tiennent en petites compagnies dans les bois de sapins, comme nos perdrix, jusqu'à la fin de l'été; à l'automne, elles se séparent. C'est un gibier fort estimé et qui justifie pleinement sa réputation.

Le lagopède (*tetrao lagopus*),

assez commun dans les montagnes boisées, très-inférieur comme qualité à l'espèce précédente.

La bartavelle (*perdix saxatilis*),

habite des bois montueux. Un peu plus grosse que notre perdrix rouge, à laquelle les marchands de volailles et quelques chasseurs donnent improprement le nom de *bartavelle*. C'est un excellent gibier. Dans le Jura, la bartavelle se tient cachée dans les bois de buis.

Il est inutile d'ajouter ici que nos perdrix rouge et grise, ainsi que la caille, se rencontrent dans les plaines de la Savoie, comme dans le reste de la France.

Il y a encore beaucoup de petits oiseaux, tels que

le *bruant des neiges*, la *niverole*, le *remiz*, etc., qui sont des hôtes des régions élevées de la Savoie. Mais, pour ne pas sortir des limites de cet appendice, nous les passerons sous silence. Il en est de même des échassiers et des canards; les espèces appartenant à ces deux dernières familles se retrouvent dans les autres parties de la France.

POISSONS.

Les poissons de la Savoie méritent une mention toute spéciale. Aucune contrée n'est plus favorisée sous ce rapport. Les torrents, les lacs produisent des espèces qui ne se rencontrent pas dans les autres parties de la France, et nous ajouterons même que celles qui sont répandues partout acquièrent, dans les pays de montagnes, une perfection qui les place au premier rang. Nous citerons seulement les espèces suivantes, pour donner une idée de la richesse ichthyologique des départements annexés : l'ancien genre *salmo* de Linnée marche à la tête.

Le lavaret (*salmo morœna*),

habite le lac du Bourget. Il est difficile d'imaginer un mets plus délicat et plus savoureux. C'est du lac du Bourget que le grand Frédéric, qui était fort amateur de la bonne chère, fit transporter le lavaret dans les lacs de la Poméranie, où la pêche en fut longtemps défendue, pour donner à ce poisson le temps de s'y multiplier; il y a parfaitement réussi; aujourd'hui, on en prend, dans ces lacs, qui atteignent plus d'un mètre de longueur. C'est un grand bienfait dont la Prusse est redevable à cet illustre capitaine.

L'ombre chevalier (*salmo umbla*).

Sa véritable patrie est le lac de Genève. Ce poisson est célèbre parmi les gourmets; il marche de pair avec le lavaret. Les beaux individus se vendent à Paris jusqu'à deux ou trois cents francs pour l'ornement des tables somptueuses. A Saint-Laurent-du-Pont, on nous en a servi de petits individus que nous avons trouvés délicieux. On ne mange l'ombre chevalier que cuit au bleu.

La truite saumonée (*salmo truta*).

La truite des grands lacs acquiert souvent d'assez fortes dimensions. Ce n'est au reste qu'une excellente variété de la truite saumonée, telle qu'on la vend sur les marchés de Paris.

La petite truite (*salmo fario*),

habite les eaux vives et les torrents. La petite truite

est peut-être plus délicate pour les amateurs que la précédente.

La petite truite des torrents (*salmo alpinus*),

ainsi que son nom l'indique, se trouve dans les torrents les plus rapides et les plus tumultueux. Elle ne surpasse guère un gros hareng pour la taille. Elle est fort appréciée des amateurs, qui la mangent frite ou cuite au bleu. C'est le poisson que l'on sert le plus ordinairement dans les pays de montagnes.

Le fera (*coregonus fera*).

Ce petit saumon, de même que l'ombre chevalier, est un habitant du lac de Genève. Il est excellent et fort recherché des connaisseurs. On le mange le plus ordinairement cuit au bleu avec une sauce génevoise.

La perche (*perca fluviatilis*),

devient très-grande dans le lac du Bourget. On ne saurait, pour la saveur, lui comparer les perches de nos rivières. C'est le chambertin à côté du vin de Suresne.

La lote (*gadus lota*),

se trouve dans plusieurs lacs. C'est un poisson trèsvorace, qui, par sa couleur et sa viscosité, a quelque ressemblance avec une anguille. On le dit vivipare. Quoique la lote appartienne au même genre que la morue et le merlan, qui ont une saveur assez fade, elle est très-sapide et passe avec raison pour un mets délicat.

Le foie de la lote prend ordinairement un grand développement, et est la partie la plus appréciée par les véritables amateurs. M. Chevet nous a raconté que le roi Louis XVIII, qui était renommé, à juste titre, comme l'un des premiers gourmets de son royaume et de son époque, en faisait venir à grands frais du duché de Bade et de la Prusse rhénane. Notre bon collègue à la Société d'horticulture, qui a été le maître-d'hôtel de ce monarque, nous a appris, en outre, que le roi ne voulait pas plus de quatre personnes à sa table, car, au dessus de ce nombre, on ne dînait plus convenablement, ajoutait Sa Majesté.

La lamproie (*petromyzon fluviatilis*).

La lamproie n'est que trop abondante dans certains lacs de la Savoie. Elle est nuisible pour les autres poissons qu'elle suce jusqu'à ce que mort s'ensuive. Son allure est celle d'une anguille, ou mieux d'un serpent. On en mange en Suisse et en Savoie sur beaucoup de tables. Sa chair est fort inférieure à celle du *petromyzon marinus* que les Romains payaient jusqu'à dix pièces d'or, et que les papes et les seigneurs italiens faisaient servir à leurs festins. Mais, pour être dignes de figurer convenablement dans les banquets de luxe et d'apparat, les lamproies devaient être préparées de la manière suivante : On les noyait dans du vin de Chypre ; elles devaient y rester quelque temps, ayant une muscade dans la bouche et un clou de girofle dans chaque ouverture branchiale. On les repliait ensuite sur elles-mêmes comme une anguille à la tartare ; puis on les faisait cuire dans une casserole avec des amandes pilées et des épices de toutes sortes. De pauvres écrivains, et entre autres le poète Giovio, ont beaucoup déclamé contre ce poisson, probablement parce qu'ils n'avaient pas de quoi en payer la sauce.

Outre ces poissons spéciaux et renommés, la Savoie possède à peu près toutes les espèces d'eau douce que l'on pêche dans nos rivières et nos étangs.

REPTILES.

Sous le rapport de l'Erpétologie, sauf deux reptiles particuliers aux hautes montagnes, la Savoie n'offre rien de bien intéressant. Ces deux espèces sont :

La salamandre noire (*salamandra atra*).

Cette salamandre, qui habite les plus hautes sommités près des glaces éternelles, est entièrement d'un noir profond. Elle met au monde ses petits vivants, comme la salamandre terrestre, si commune en Bretagne et en Normandie; mais, une particularité des plus remarquables chez l'espèce qui nous occupe, c'est qu'elle ne fait jamais que deux petits. Les autres sont dévorés dans le ventre de la mère pour nourrir ceux qui doivent naître. Ce reptile est rare; on le rencontre au Montanver et au mont Cenis. M. Léon Soubeiran, notre savant et zélé collègue à la Société botanique de France, en a pris un individu au mont Viso, lors de notre herborisation dans les Hautes-Alpes, en 1861. M. le docteur Krattz, de Berlin, jeune savant d'avenir, en a également trouvé un exemplaire, en montant au Saint-Nizier, en 1858, lors de l'excursion de la Société entomologique de France.

Le lézard vivipare (*lacerta vivipara*).

Il se tient dans les forêts des montagnes. Sa taille égale à peu près celle du lézard de nos bois, *lacerta stirpium*. Il pond cinq à six œufs qui éclosent au bout de deux ou trois heures, fait complétement insolite dans ce genre. Il habite aussi les Pyrénées. On le dit commun en Ecosse et dans quelques parties de l'Angleterre.

TABLE

DES MATIÈRES

CHAPITRE PREMIER

La Société botanique de France. — Ses excursions annuelles. — La Bresse. — Le Bugey. — Paysage. — Les premiers contreforts du Jura. — Culoz. — Aix-les-Bains. — Le lac du Bourget. — L'abbaye de Haute-Combe.   1

CHAPITRE II

Chambéry. — Session botanique. — Le cardinal Billet. — Les Savoyards. — Les Charmettes. — Jean-Jacques Rousseau. — Madame de Warens.   12

CHAPITRE III

Aspect général de Chambéry. — Le château ducal. — La Métropole. — La fontaine des Eléphants. — L'hôpital. — Le général de B..... — Effets de l'annexion.   26

CHAPITRE IV

De Chambéry à Saint-Jean-de-Maurienne. — Paysage. — Montmeillan. — Aspect de la Maurienne.   35

CHAPITRE V

Ascension sur la montagne de Bonne-Nouvelle. — Saint-Jean-de-Maurienne. — Le clergé savoyard. — Le goître et le crétinisme. — Les origines de la maison de Savoie. 41

CHAPITRE VI

Ascension du mont André. — Déjeuner. — Mademoiselle B..... — Une scène du *Bourgeois-Gentilhomme*. — Ascension du mont Denys. — Aspect général du pays. — Second déjeuner. — Visite au maire malade. — Guérison instantanée d'un sourd. — L'église de Mont-Denys. — Saint Maurice et saint Victor. — Descente au village de Saint-Julien. — Retour à Saint-Jean-de-Maurienne. 48

CHAPITRE VII

De Saint-Jean-de-Maurienne au mont Cenis. — Saint-Michel. — Le fort de l'Esseillon. — Modane. — Le mont des Fourneaux. — Le prince Napoléon. — Lauslebourg. — Installation sur le mont Cenis. 66

CHAPITRE VIII

Promenade et herborisation dans la plaine de la Madeleine au mont Cenis. — Alaria. — L'hospice. — Les glaciers d'Alcore. 81

CHAPITRE IX

Deuxième promenade dans la plaine de la Madeleine. — L'Osteria. — Victòrin. — Fraternité botanique. — Visite de l'hospice. — Le prieur et le chanoine d'Humbert. — Le grand personnage sans s'en douter. 91

CHAPITRE X

Paysage. — Le mont Cenis et la Laponie. — Projets de Napoléon sur le mont Cenis. — Histoire de l'hospice. — Les Ronches. — Le lac blanc. — Le lac noir. — Le roi Kotth. — La première route du mont Cenis. 104

CHAPITRE XI

Percement du mont Cenis. - Son achèvement en sept ans, par des procédés nouveaux. 130

CHAPITRE XII

Du Mont Cenis à Turin. — Adieux à la Société botanique. — Le professeur Lecoq. — Le président du club des Grimpeurs. — Grande-Croix. — Où devrait être notre frontière. — Suze. — Le dauphin Humbert II. — Coup d'œil sur Turin. 146

CHAPITRE XIII

Turin. — Monuments. — L'église *Corpus Domini*. — La cathédrale. — La chapelle Royale. — Le palais du roi. — Vincenzo Gioberti. — L'unité italienne. — La confédération latine. — La charité turinoise. — La charité française. 155

CHAPITRE XIV

De Turin à Milan. — Verceil. — Destruction des Cimbres par Marius. — Novarre. — Défaite du roi Charles-Albert. — Buffalora. — Napoléon III et la garde impériale. — Magenta. — Victoire des Français, le 4 juin 1859. — Le docteur Fraconti. 167

CHAPITRE XV

Milan. — Coup d'œil sur son histoire. — Il Duomo. — L'arc de triomphe. — La Scala. — Mademoiselle Fioretti. 177

CHAPITRE XVI

Milan. — Le Jardin public. — Les Français comparés aux autres peuples. — Le mendiant en cravate blanche. — *Il Corso*. 190

CHAPITRE XVII

De Milan à Gênes. — Les générations spontanées. — Pavie. — Les Longobards. — Alexandrie. — Marengo. — La bataille de Novi. — Les Apennins. 204

CHAPITRE XVIII

Gênes.— Histoire.— Siége de Gênes, rendant possible la victoire de Marengo. — Le système des guerres changé. — Considérations sur l'application des chemins de fer et de la télégraphie électrique aux grands mouvements de troupes. — Influence de ces instruments sur la durée des guerres. 213

CHAPITRE XIX

Gênes. — Sa configuration. — Le port. — Coup d'œil sur la ville. — L'ancienne aristocratie génoise. — Son rôle gouvernemental et artistique. — Le palais Durazzo. — La cathédrale. — Gênes battue par Marseille. 226

CHAPITRE XX

La Corniche. — Le jeune Saxon. — Savone. — M. Chabrol de Volvic. — Les tours de refuge.— La conquête de l'Algérie au point de vue de la Corniche. — Les États-Unis d'Amérique et les barbaresques. — Le *Ponte-Longo*. — Le chemin de fer de Gênes à Nice. — Les palmiers de l'ermitage de Saint-Romulus. — Arrivée à Nice. 234

CHAPITRE XXI

La Corniche.— Faits militaires.— Expédition d'Oneille.— Bataille de Loano. — Considérations sur les conséquences de cette bataille. — Scherer, général en chef de l'armée d'Italie. — Revers. — Misère de l'armée d'Italie. — Bonaparte général en chef. — Le trop odorant rapport. 247

CHAPITRE XXII

Nice. — Les deux mendiants italiens. — Climat de Nice. — Coup d'œil sur la ville. — La promenade des Anglais. — La mer. — Les côtes. — Monaco. — Menton. — Vintimille. — Le château des Cimiers.. — La platane de Cyrus ou de Xerxès.— Alphonse Karr. — Effets de l'annexion. — M. de F.... — Retour à Paris par Toulon et Marseille. 262

COUP D'ŒIL SUR L'HISTOIRE NATURELLE DE LA SAVOIE
ET DU MONT CENIS

Aix-les-Bains. — Chambéry. — Notes prises au Musée. — Pépinières Burdin. — Saint-Jean-de-Maurienne. — Hauteurs de Bonne-Nouvelle. — Mont André. — Mont Denys. — Saint-Julien. — Saint-Michel. — Le mont Cenis. — La plaine de la Madeleine. — Le glacier d'Alcore. — Les Ronches. — Le lac Blanc. — Les Échelles. — Suze. 281

A LA MÊME LIBRAIRIE :

BENOIST (L.-Eug.), ancien élève de l'École normale, etc. — Guichardin, historien et homme d'État italien au xvie siècle. 1862, 1 vol. in-8. 5 »

BURNIER (Eug.), juge au tribunal de Saint-Jean-de-Maurienne. — Histoire du Sénat de Savoie et des autres compagnies judiciaires de la même province. 1864-65, 2 vol. gr. in-8. 16 »

CARRO (A.), bibliothécaire de la ville de Meaux. — Les voyages lointains d'un bourgeois désœuvré au delà des monts : de Paris à Venise, de Venise à Naples, de Naples à Paris. 1864, in-12. 2 »

CHAPPUIS (Ch.), professeur de philosophie à la Faculté des lettres de Besançon. — Étude archéologique et géographique sur la vallée de Barcelonnette à l'époque celtique. 1862, in-8, avec fig. 1 3 »
— Examen critique de l'opinion de Caelius Antipater sur le passage d'Annibal dans les Alpes. 1864, in-8. 1 »

CONTI (Aug.), professeur de philosophie à l'Université de Pise. — La philosophie italienne contemporaine. Traduite par Ernest Naville, correspondant de l'Institut de France. 1865, in-18. 2 »
— Le Camposanto de Pise ou le scepticisme, dialogue philosophique. Traduction française, publiée avec une introduction par Ernest Naville. 1865, in-18. 2 »

HILLEBRAND (C.), professeur à la Faculté des lettres de Douai. — Dino Compagni. Étude historique et littéraire sur l'époque de Dante. 1864, 1 beau vol. in-8. 5 »

LECOY DE LA MARCHE (A.), archiviste-paléographe. — De l'autorité de Grégoire de Tours; étude critique sur le texte de l'histoire des Francs. 1861, in-8. 3 »
— Notice historique sur Ripaille en Chablais, ornée d'une vue lithographiée et suivie de documents inédits. 1863, in-8. 3 »

LECTURES HISTORIQUES, ou Choix des plus beaux fragments des meilleurs historiens anciens et modernes, français et étrangers, disposés selon l'ordre des programmes de l'enseignement, et reliés par des sommaires, véritable *Cours d'histoire universelle* par les grands maîtres, à l'usage des familles, des maisons d'instruction publique et des distributions de prix. 3e édition augmentée de plus de cent nouveaux fragments et de l'indication des principales œuvres de littérature et d'art se rapportant à chaque extrait. 1865, 7 beaux vol. in-12. 20 »

N.-B. Les *Lectures historiques* se vendent aussi en 7 livraisons divisées suivant l'ordre des études des lycées et des collèges.

1re Livraison.	*Cours de sixième.* — Histoire sainte et Orient.	2 »
2e —	— *de cinquième.* — Grèce.	2 50
3e —	— *de quatrième.* — Rome.	3 »
4e —	— *de troisième.* — France et moyen âge (395-1328).	2 50
5e —	— *de seconde.* — France, moyen âge et temps modernes (1328-1648).	3 »
6e —	— *de Rhétorique.* — France et temps modernes (1648-1815).	3 50
7e —	— *de Philosophie.* — Histoire contemporaine (1815-1864).	3 50

Paris. — Imprimerie de E. Donnaud, rue Cassette, 9.

www.ingramcontent.com/pod-product-compliance
Lightning Source LLC
Chambersburg PA
CBHW070611160426
43194CB00009B/1249